JN105710

はじめに

　広大なインドの大地、その北の端に、平均標高が3500メートルに達する山岳地帯がある。ラダック、ザンスカール、スピティ。チベット仏教を信仰し、古くからの伝統文化を守り続ける人々が暮らすこの土地に、僕は魅了され、長い間、足繁く通い続けてきた。

　かつては知る人ぞ知る場所であったこれらの土地に対する認知度は、最近、格段に高まりつつある。インド国内だけでなく、日本を含めた世界各国においても。数多くのインド映画のロケ地に選ばれた影響や、旅行者が Web でシェアする写真や情報の拡散によるところも大きいのかもしれない。その現象は同時に、表面的なイメージや不確かな情報の氾濫によって、これらの土地が観光資源として無闇に消費され、現地の人々の暮らしや自然環境が消耗し、変質し

てしまう可能性を生じさせている。

　この本で僕は、ラダック、ザンスカール、スピティについて、できるだけありのままの姿を正確に記し、紹介したいと考えた。正確な情報こそが、これらの土地の本来の姿を理解するためにもっとも必要なものだと思うからだ。

　この本が、かの地を実際に旅する人の手助けになればうれしいし、いろいろな都合でなかなか訪れることができない人にも、いつかその日が来ることを想像しながら読んでもらえるとうれしい。そして、かの地が直面しているさまざまな課題についても、少し考えてみてほしい。そんな思いを込めながら、僕はこの本を書いている。

　ようこそ、空と山々が出会う地へ。

目次

■ ホテル、ゲストハウス、
ホステルの価格帯
$$$$$ 20000円〜／日
$$$$ 10000円〜20000円／日
$$$ 5000円〜10000円／日
$$ 2000円〜5000円／日
$ 〜2000円／日

■ レストランとショップの価格帯
$$$ 高級　$$ 中級　$ お手頃

■ 本書に掲載している各種情報は、2023年7月に実施した取材を基にしています。これらの情報は時間の経過とともに変化することをご承知の上、ご利用ください。また、これらの地域では正確な元地図の入手が困難なため、地域によっては多少正確性に欠ける可能性があることをご了承ください。

■ 本書では、できるだけ最新の正確な情報を掲載するよう努めていますが、現地の規則や手続きが変更されたり、情報の解釈に見解の相違が生じることもあります。このような理由に基づく場合、または弊社に重要な過失がない場合は、本書を利用して生じた損失や不都合に対して、弊社は責任を負いかねますので、あらかじめご了承ください。

⊙ ラダック・ザンスカール・スピティ 基本情報

―ラダック・ザンスカール・スピティの行政区分

　ラダックとザンスカールは、インド最北部に位置するラダック連邦直轄領（Union Territory of Ladakh）に含まれる地域だ。かつてはラダック王国と呼ばれる仏教国が存在したこの地域は、英国の支配からインドが独立して以来、ジャンムー・カシミール州の一部となっていたが、2019年にジャンムー・カシミール州が解体された際に連邦直轄領化された。

　位置的には中国とパキスタンに接しているが、どこが国境であるかはそれぞれ係争中で、いまだに確定していない。そうした事情もあってか、この一帯は1974年頃まで、外国人の入域が許されていなかった。

　ラダック連邦直轄領は、中心地であるレーの街と北部から東部にかけてのラダックの主要な地域を含むレー地区と、西部のカルギルの街から南部のザンスカールにかけてを含むカルギル地区とで構成されている。

　レー地区には、中心地となるレーの街のほか、レーから南東方面のヘミスやサクティの付近までを指す上ラダック（トゥ）、レーから西方面のインダス川下流域を指す下ラダック（シャム）、北部の広大な渓谷地帯ヌブラ、花の民と呼ばれる少数民族ドクパ（ブロクパ）が暮らしている北西部のダー・ハヌーなどが含まれている。中国との暫定国境線をまたいで横たわる巨大な湖パンゴン・ツォや、南東部のツォ・モリリやツォ・カルといった湖を擁するルプシュ、インダス川のさらなる上流域に位置しているハンレも、レー地区の一部だ。

　カルギル地区には、カルギルの街を中心としたプリクと呼ばれる地域と、カルギルの南に広がるスル、さらにその南東に位置するザンスカールが含まれる。

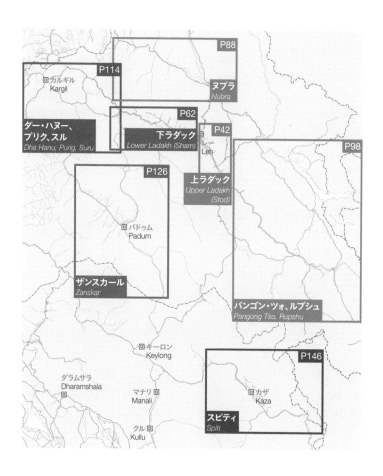

ラダック連邦直轄領 (Union Territory of Ladakh)	
人口	約30万人
言語	ラダック語　他

ラホール・スピティ地区 (Lahaul and Spiti District)	
人口	約4万4000人
言語	スピティ語　他

　一方、スピティは、ラダック連邦直轄領の南に接するヒマーチャル・プラデーシュ州の北東部、ラホール・スピティ地区に含まれる。スピティも未確定の国境で中国と接していることなどから、外国人の入域が許可されたのは、1995年になってからだった。

一地理と気候

　ラダック、ザンスカール、スピティは、いずれも平均標高が3500メートルに達する山岳地帯で、周囲を標高5000メートルから7000メートルに達する山々に囲まれている。外界との間を繋ぐ峠道は、冬は積雪で通行不能になることが多く、レーの空港で発着する民間の飛行機も、悪天候によってしばしば欠航する。

　これらの地域は、標高が高く日射しが強烈なため、夏の最高気温は、30℃近くにも達する。しかし、冬の寒さは非常に厳しく、マイナス20℃を下回ることも珍しくない。年間の降水量は80ミリ程度しかないが、その多くは、冬の間に降る雪によるものだ。そのため、これらの地域では大気も土地も極端に乾燥していて、植物が生育しているのは、川や水源に近い場所だけ。ほとんどの土地は、むきだしの荒々しい岩山や、砂塵の舞う荒野で占められている。

　近年は、地球規模の気候変動の影響によって、これらの地域でも、夏に雨の降る日が増えたり、逆に冬の降雪量が減ったりといった不安定な現象が起きている。急激な大雨が降ると、樹木の少ないこれらの土地では、土石流などによる水害が起こる場合がある。2010年の夏には、ラダック各地で大雨による大規模な土石流災害が発生し、600人以上もの死者が出る惨事となった。

　一方、冬の間の雪不足は、氷河や雪解け水がもたらす水源の枯渇に繋がる。農業や生活に必要な水が確保できなくなり、移住を余儀なくされた村も出てきている。気候の変動は、現地の人々の暮らしにも大きな影響を及ぼしている。

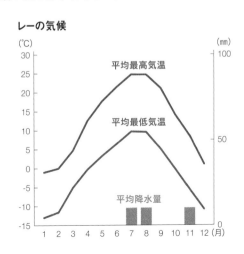

レーの気候

―主な民族、言語、宗教

　ラダック連邦直轄領で暮らしている人々のうち、多数派を占めているのは、チベット系民族のラダック人（ラダクスパ）だ。彼らの大半はチベット仏教を信仰していて、服装や食事、伝統行事など、チベット本土と共通する文化的特徴を数多く持っている。ラダック人にはイスラーム教徒も比較的多いほか、少数だがキリスト教徒もいる。

　ラダック人の言語は、チベット語の方言、ラダック語。チベット語と文字は同じだが、発音はかなり異なっていて、チベット文字の字面により近いと言われる。「ジュレー」というラダック語の挨拶は、「こんにちは」「さようなら」「ありがとう」の意味を兼ね備えた便利な言葉だ。

　カルギルを中心にしたプリクとスル、そしてヌブラの西部には、バルティ（プリクパ）と呼ばれる民族が暮らしている。ほとんどがイスラーム教徒で、バルティ語という言語を話す。

　ラダック北西部のダー・ハヌーには、花の民と呼ばれる少数民族ドクパ（ブロクパ）が住んでいる。仏教徒が多いが、古来からの土着の信仰や風習も多く受け継いでいる。彼らはラダック語ともバルティ語とも異なるドクパ語（ドクスカット）を用いる。

　ザンスカールで暮らすザンスカール人（ザンスカルパ）は、ラダック人と同様に仏教徒が多いが、中心地のパドゥムにはイスラーム教徒も多い。ザンスカール語はラダック語と非常によく似ていて、互いの意思疎通も容易だ。

　スピティに住んでいる民族は、ラダック人やザンスカール人と同じチベット系民族のスピティ人（スピティパ）だ。彼らも、大半がチベット仏教を信仰している。言語もチベット語の方言のスピティ語だが、発音はラダック語やザンスカール語とは異なる。

　この他、ラダック南東部のルプシュやハンレの一帯には、チベット系の遊牧民たちが暮らしている。また、レー近郊のチョグラムサルなどには、チベット本土から亡命してきたチベット人とその二世、三世の居住区が存在する。

―ラダックへの交通手段

　ラダックの中心地レーの郊外には、レー・クショ・バクラ・リンポチェ・エアポート（IXL）があり、デリー、ムンバイ、スリナガル、ジャンムー、チャンディーガルなどと空路で結ばれている。飛行機の発着時間は、早朝から午前中の間に集中している。特にデリーとレーの間を結ぶ飛行機の便数は多く、夏場の多い時期は、日に10便前後が運行している。デリーとレーの間の所要時間は、1時間10分程度。

　これらの飛行機は、特に冬の間、デリー空港の濃霧や、レー空港の積雪や悪天候の影響で、欠航になる場合が多い。冬にラダックを訪れる際は、帰国便への乗り継ぎなどに余裕を持たせた日程を組むのが無難だ。

　陸路でラダックに至る道路には、西に隣接するジャンムー・カシミール連邦直轄領の中心地スリナガルからカルギルを経由する道路と、南に隣接するヒマーチャル・プラデーシュ州のマナリから北上する道路の2つがある。いずれの道路も、峠が積雪で塞がる冬の間は、通行不能になっている場合が多い。

　スリナガルの街は、過激派によるテロ事件や、治安部隊と住民との衝突などによって、しばしば政情が不安定になる。何か事件が起こると即座に外出禁止令が出て、交通機関も運行停止になってしまう。旅の日程が短い場合、陸路でスリナガルを経由してラダックを目指すのは避けた方が賢明だろう。

　マナリとレーの間を結ぶ道路は、レー・マナリ・ハイウェイとも呼ばれていて、全長約473キロに及ぶ行程には、標高5000メートル前後の峠がいくつも横たわっている。積雪の少ない夏の間でも、悪天候や土砂崩れによって一時的に通行不能に陥る場合があるので、陸路での旅の計画を練る際は注意したい。けっして楽な道程ではないが、途中の景観は雄大で素晴らしい。

　2020年、マナリの北にあるロータン・ラと呼ばれる峠の直下に全長約9キロのアタル・トンネルが開通し、この付近を車で移動する際の所要時間は、従来より4時間ほど短縮された。

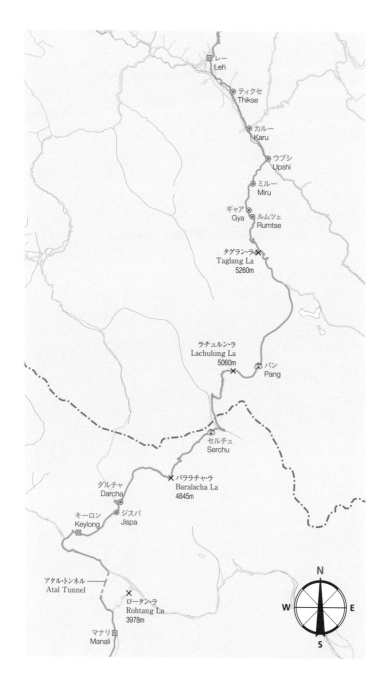

レー
Leh

ティクセ
Thikse

カルー
Karu

ウプシ
Upshi

ミルー
Miru

ギャア
Gya

ルムツェ
Rumtse

タグラン・ラ
Taglang La
5260m

ラチュルン・ラ
Lachulung La
5060m

パン
Pang

セルチュ
Serchu

ダルチャ
Darcha

バララチャ・ラ
Baralacha La
4845m

キーロン
Keylong

ジスパ
Jispa

アタル・トンネル
Atal Tunnel

ロータン・ラ
Rohtang La
3978m

マナリ
Manali

N
W   E
S

―ザンスカールへの交通手段

　外界とザンスカールとの間を結ぶ道路には、従来から利用されているカルギルからスル渓谷を経てザンスカールに至る道路のほか、ラダックのワンラ、フォトクサル方面からセンゲ・ラという峠を越え、ユルチュン、ニェラクを経てザンスカール川沿いに出る道路と、レー・マナリ・ハイウェイ上のダルチャからシンゴ・ラという峠を越え、カルギャク川とルンナク川沿いにザンスカールに至る道路が開通している。これらの新道には未舗装の荒れた路面の区間も多く、悪天候でしばしば通行不能になる。カルギルを経由する道路は、以前よりも舗装区間が増え、所要時間も短縮されている。いずれの道路も、冬に峠が積雪で塞がってしまうと利用できなくなる。

　冬の間、地元住民向けに不定期に運行しているヘリコプターは、旅行者が利用するのは難しい。基本的には、凍結したザンスカール川に現れるチャダルを徒歩で行き来するしかなくなる（P188）。

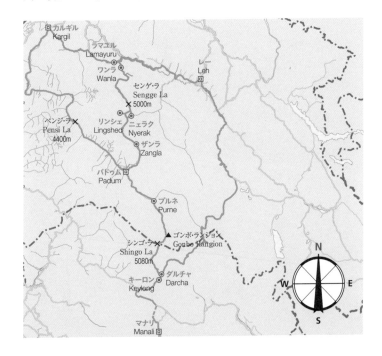

―スピティへの交通手段

　外界からスピティへと至る道路は、西に位置するマナリやキーロンの方面から、クンザム・ラという峠を越えてスピティに至る道路と、スピティの南に位置するキナウルの方面から、中国との国境付近を通過してスピティ東部に至る道路の2つがある。

　西からスピティに至る道程は、ロータン・ラ直下にアタル・トンネルが開通してから、所要時間が4時間ほど短縮されている。ただ、冬にクンザム・ラが積雪で塞がる時期は、ほぼ利用できなくなってしまう。一方、キナウルからスピティ東部に至る道路は、冬の間も通行可能だが、雪崩や土砂崩れによって一時的に通行不能になることも少なくない。

　キナウルとスピティの間をバスや車で行き来する際には、国境付近を通過するためのインナーライン・パーミットを、カザやレコン・ピオ、シムラーなどで事前に取得しておく必要がある（P217）。

Ladak

ラダック

ラダック連邦直轄領における商業・文化・交通の中心地となっている、レーの街。16世紀頃、ラダック王国のナムギャル王朝の時代にシェイからレーに王都が移されて以来、この街は、チベットとカシミールの間を繋ぐ交通の要衝として栄えてきた。レーの標高は約3500メートル。人口は3〜4万人程度で、周辺部を含めると、さらに多くの人々が、街との関わりを持ちながら暮らしている。街の南の郊外には、レー・クショ・バクラ・リンポチェ・エアポートがあり、デリーなどとの間で多くの民間機が運航されているほか、軍用の空港としても重要な役割を担っている。

　ラダックを目指す旅行者のほとんどは、最初に空路か陸路でこのレーの街を訪れて、各地を巡る際の拠点にする。近年の観光業の急速な発展に伴って、街の中心部には瀟洒なホテルや商店、レストラン、カフェなどが建ち並ぶようになり、それらの波は街の郊外にも拡大しつつある。とはいえ、レーが旅行者で賑わうのは、主に夏の数カ月間だけ。寒さが厳しい冬の間は休業する宿や店も多く、静かで落ち着いた雰囲気の街の姿に戻る。

　街の中心となるのは、メイン・バザールと呼ばれる一角。観光案内所、銀行、旅行会社、商店、飲食店などが集まっていて、一部は車両侵入禁止の歩行者専用区画となっている。メイン・バザールの北東にそびえるナムギャル・ツェモという岩山の麓には、古い民家が建ち並ぶ旧市街が広がる。メイン・バザールの南には地元民向けの商店街モティ・マーケットや、タクシースタンド、バススタンド、ソナム・ノルブー記念病院などがある。メイン・バザールから南西に伸びるフォート・ロード沿いと、北西のチャンスパと呼ばれる一帯には、旅行者向けの宿やレストラン、土産物屋が多く、夏の間は大勢の旅行者で賑わう。比較的閑静な宿泊地は、メイン・バザールからやや北に位置するカルズーやチュビ、サンカルのあたりだ。街自体はさほど大きくないので、徒歩でも回れる。

レーチェン・パルカルと旧市街

旧市街の路地裏でうたた寝をする老人

メイン・バザールの道端で野菜を売る
ラダックの人々

ラダック・ルーラル・ウィメンズ・エンタープ
ライズ（P038）

29

▶レーチェン・パルカル 折込B C-3　　　*Lehchen Palkhar*

　ナムギャル・ツェモの中腹にそびえる、巨大な王宮。レー・パレス（レー王宮）などとも呼ばれる。ラダック王国が全盛期を迎えていた17世紀頃、センゲ・ナムギャル王によって建立された。ほぼ同じ時期に建立されたチベット・ラサのポタラ宮と、規模は異なるが、よく似ている。

　レーチェン・パルカルは一時、老朽化による崩壊が進んで危険な状態に陥っていたが、1999年頃から始まった修復工事が功を奏し、現在はかなり安定した状態を取り戻している。王宮内の見学は日の出から日没までの間は可能だが、内部にはお堂が１つある程度。レーチェン・パルカルの周辺には、合計４つのお堂があるが、普段は閉まっていることが多く、内部を拝観できる機会は少ない。

▶ナムギャル・ツェモ・ゴンパ 折込B D-2　　　*Namgyal Tsemo Gompa*

　ナムギャル・ツェモの山頂にある小さな僧院。16世紀頃、タシ・ナムギャル王によって建立されたと伝えられている。お堂の内部には、高さ数メートルほどのチャンバ（弥勒菩薩）像が祀られている。この僧院は、麓のサンカル・ゴンパの僧侶によって管理されているが、普段は閉まっていることが多い。建物の背後には小さな白い城砦があり、階上に登れるようになっている。

　五色の祈祷旗タルチョがはためくナムギャル・ツェモの山頂からは、レーの街をぐるりと一望することができる。旧市街のある南側からも、チュビに面した北側からも、徒歩20分ほどで登れる。

ナムギャル・ツェモ・ゴンパ

▶ レー旧市街 折込B D-3　　　　　　　　　　　　　　*Leh Old Town*

　レーチェン・パルカルの麓に広がる、日干し煉瓦と石と木材で作られた古い家屋が建ち並んでいる地域。家と家の間の路地は、細い迷路のように入り組んでいて、静かな散策を楽しむことができる。この旧市街では、古民家の修復活動が地道に続けられている一方で、一部の古民家を取り壊して再開発を進める動きも見られるなど、レーにおける社会問題の一つとなっている。

▶ ゴンパ・ソマ 折込B C-3　　　　　　　　　　　　　　*Gompa Soma*

　メイン・バザールの中心部にある僧院で、名称は「新しい僧院」という意味。レー・ジョカンなどとも呼ばれる。1957年、ラダック仏教徒協会（LBA）によって建てられた新しい建物で、特定の宗派に属してはいない。各宗派の高僧による法話や儀式など、仏教関連の行事の会場としてよく利用されている。

▶ サンカル・ゴンパ 折込B C-1　　　　　　　　　　　　　*Sankar Gompa*

　ナムギャル・ツェモの北西、サンカル地区にある僧院。スピトク・ゴンパの分院で、建物自体は20世紀初頭に建立されたもの。朝夕の時間帯を除いて、お堂は閉まっていることが多い。本堂の2階の奥に祀られているドゥカル（白傘蓋仏母）像は、比較的新しいものだが、迫力がある。

　この僧院から道を挟んで対面には、スピトク・ゴンパの座主クショ・バクラ・リンポチェが代々使用している邸宅がある。

サンカル・ゴンパのドゥカル像

▶ ジャマー・マスジット 折込B C-3 *Jama Masjid*

　メイン・バザールの中心部にある、イスラーム教の大きなモスク。元々は17世紀後半、チベット軍の攻勢に苦しんでいたラダック王国が、ムガル帝国のアウラングゼーブの庇護を受けて対抗したことを記念して建てられたモスクだった。建物の老朽化が著しかったことなどから、近年になって、まったく新しい形で建て直された。

ジャマー・マスジット

▶ セントラル・アジアン・ミュージアム 折込B C-3 *Central Asian Museum*

　ジャマー・マスジットにほど近い場所にある博物館。建物は、チベット文化圏で古い建築物の修復活動を行っている団体、チベット・ヘリテイジ・ファンドの設計と施工によるもので、ラダックの伝統的な建築技術が用いられている。館内には、ラダックの歴史と文化に関する資料が数多く収蔵されている。開館時間は10時から19時（13時から14時まで休憩）。

▶ テキスタイル・ミュージアム 折込B D-3 *Textile Museum*

　ジグメット・クチュール（P038）のオーナー夫妻が、自宅の一部をテキスタイル・ミュージアムとして公開している。夫妻が長年蒐集してきた、ラダックの古い民族衣装や装具の見事なコレクションが陳列されている。訪問時には、事前にジグメット・クチュールに相談して、訪問可能な日時を確認する必要がある。

▶ シャンティ・ストゥーパ 折込B B-1 *Shanti Stupa*

　日本の宗教団体、日本山妙法寺によって1985年に建立されたストゥーパ（仏塔）。現在は同団体と袂を分かっている。ストゥーパの周囲は広々とした見晴し台になっていて、そこからの街の眺めは悪くない。地元の若者たちも、暇つぶしによくここを訪れている。

レー・ドスモチェ *Leh Dosmoche*

　チベット暦の12月28、29日（太陽暦では2月頃）にレーの街で催される祭り。初日は、レーチェン・パルカルの脇にある広場で、毎年異なるゴンパから派遣される僧侶たちによるチャム（仮面舞踊）が披露される。2日目は、色とりどりの糸を組み合わせて高さ2メートルほどの塔のような形に作られた、「ド」と呼ばれるお供え物を担いだ一行が、レーの街を練り歩く。

　ドは郊外の空き地まで運ばれていって、僧侶が他のお供え物を火に投じる儀式を終えた直後に、大勢の人々によって一斉に壊され、引きちぎられる。引きちぎられたドの糸の切れ端を、家の外壁などにかけておくと、ご利益があるのだという。

ドを担いだ人々が街を練り歩く

人々によって引きちぎられるド

チョスパ
Chospa   折込B C-4

価格帯	$$$$$
住所	Old Rd.
TEL	258903、258904
URL	www.chospahotel.com

2021年夏に開業したホテル。ラダックの伝統的な建築様式を取り入れた瀟洒な建物は、地元で採れる石材や木材を活用するなど、環境に極力負荷をかけないための配慮が施されている。通年営業。

グランド・ドラゴン・ラダック
The Grand Dragon Ladakh   折込B C-5

価格帯	$$$$$
住所	Old Rd. Sheynam
TEL	257786、255866、255266
URL	www.thegranddragonladakh.com

ラダックでは珍しい、星付きのホテル。各種設備の整った館内で、手厚いサービスを年間を通じて受けられる。宿泊料はかなり高いが、万全の環境でラダックに滞在したい人におすすめ。通年営業。

ホテル・ラセルモ・ラダック
Hotel Lasermo Ladakh   折込B C-4

価格帯	$$$$
住所	Old Rd.
TEL	252313、94843-39660、61、62
E-Mail	reservation@lasermoladakh.com

1979年創業の老舗のホテルが、近代的なスタイルで全面的にリニューアルされた。メイン・バザールに近い割には閑静な立地で、落ち着いた滞在を楽しむことができる。通年営業。

ホテル・オマシラ
Hotel Omasila   折込B B-2

価格帯	$$$
住所	Changspa Rd.
TEL	252119、94191-78815
URL	hotelomasila.com

ブラッド・ピットや中谷美紀も泊まったことがある、チャンスパのホテル。建物はやや老朽化しているが、ゆったりくつろげる雰囲気。中庭からのストック・カンリの眺望は素晴らしい。通年営業。

ホテル・リンジー
Hotel Lingzi   折込C

価格帯	$$$
住所	Old Fort Rd.
TEL	252020
E-Mail	lingzihotel@gmail.com

1983年創業のホテル。メイン・バザールのすぐ近くという非常に便利な立地にある。日本人や外国人のツアーグループの利用も多く、館内のスタッフの対応も丁寧。冬季は休業。

ザンバラ・イン
Zambala Inn   折込B B-2

価格帯	$$
住所	Changspa Rd.
TEL	96229-71053
URL	www.zambalainn.in

チャンスパの中でもメイン・バザールに比較的近い立地にあるホテル。レストランでは、ボリュームたっぷりの朝食や夕食が食べられる上、頼めばお茶も好きなだけ飲める。通年営業。

ジクジク・ホリデイズ
Zik Zik Holidays　折込B C-2

価格帯	$$$
住所	Upper karzoo
TEL	255812、94191-79357
URL	www.zikzikholidays.com

カルズーで人気の宿で、日本人の宿泊客も多い。オーナー一家は気さくで親切。予約の際は、旅行会社マイルストーン・ジャーニーズ（94191-79357）に電話すれば英語が通じる。通年営業。

シアーラ・ゲストハウス
Siala Guest House　折込B C-3

価格帯	$$$
住所	Fort Rd.
TEL	252821
URL	sialaladakh.com

フォート・ロード方面の閑静な場所にあるゲストハウス。冬でも部屋で水道が利用できる設備を備えている。日本人旅行者の利用も多く、スタッフの対応も慣れている。通年営業。

パレスビュー・ゲストハウス
Palace View Guest House　折込B D-3

価格帯	$$
住所	Near Polo Ground
TEL	99069-91786
E-Mail	wasimleh7@gmail.com

1973年創業のゲストハウス。ポロ・グラウンドの近くにあり、屋上からのレーチェン・パルカルと旧市街の眺望は、界隈でも随一。各部屋の内装はリフォーム済みで清潔感がある。通年営業。

メントクリン・ゲストハウス
Mentokling Guest House　折込B C-3

価格帯	$$
住所	Changspa Rd.
TEL	98583-99142
E-Mail	mentokling1976@gmail.com

メイン・バザールからチャンスパ方面に入ってすぐのところにあるゲストハウス。同経営のガーデンレストランを囲むように、宿泊棟が建てられている。冬季は休業。

ゾステル・レー
Zostel Leh　折込B C-2

価格帯	$
住所	Karzu Rd., near circuit house
TEL	11411-69502
URL	www.zostel.com/zostel/leh/

インド各地でホステル事業を展開するゾステルがレーで運営するホステル。カルズー地区の閑静な場所にある。4人部屋や6人部屋のドミトリーのほか、個室での宿泊も可能。通年営業。

ハッピー・ドリフターズ
Happy Drifters　折込B B-3

価格帯	$
住所	Fort Rd.
TEL	99990-41823
URL	www.instagram.com/thehappydrifters/

フォート・ロード沿いの閑静な場所にあるホステル。部屋はシンプルなしつらえながら快適で、バスルームやトイレも清潔。ドミトリーが中心だが、個室もある。冬季は休業。

ボナペティ *Bon Appetit*	折込B C-3
価格帯	$$$
住所	Changspa Rd.
TEL	251533

チャンスパから少し奥に入った場所にあるレストラン。建物は伝統的な建築様式を取り入れた瀟洒な造り。釜焼きのピザや新鮮な野菜サラダなど、何を食べてもおいしい。夜は要予約。冬季は休業。

チベタン・キッチン *Tibetan Kitchen*	折込B C-3
価格帯	$$$
住所	Fort Rd.
TEL	84929-11940

チベット料理が楽しめるレストラン。チベットの伝統的な鍋料理ギャコック（4〜6名分）が団体客に人気で、モモ（モクモク）やトゥクパなども安心感のある味。夜は要予約。冬季は休業。

チョップスティックス *Chopsticks*	折込B C-3
価格帯	$$
住所	Fort Rd.
TEL	96229-52706

ラダックでは珍しい、東南アジア風の料理を出すレストラン。パッタイやラクサなど、本場の味とは異なる独特のアレンジが施された料理を食べられる。店内は綺麗で落ち着いた雰囲気。冬季は休業。

ナトゥス *Nathu's*	折込B C-3
価格帯	$$
住所	Main Bazar
TEL	95990-91606

デリーを中心に展開する老舗のベジ・レストランの支店が2022年にオープン。ドーサやサモサ・チャートなど、手頃な価格のインドの軽食やミターイー（インド菓子）が味わえる。冬季は休業。

ラマユル・レストラン *Lamayuru Restaurant*	折込B C-3
価格帯	$$
住所	Fort Rd.
TEL	19822-56069

フォート・ロード沿いの人気レストラン。建て替えのため一時移転しているが、将来は元の場所に戻る予定。旅行者向けのメニューが気軽に楽しめる。冬季は休業。

ヤクボーイ・レストラン *Yak Boy Restaurant*	折込B C-3
価格帯	$
住所	Main Bazar
TEL	96229-83373

メイン・バザールの目抜き通りから細い路地を入った場所にある、地元民に人気の食堂。トゥクパにモモ（モクモク）を載せたミックス・トゥクパが人気。通年営業。

レーベンダ・カフェ 折込C
Lehvenda Cafe

価格帯	$$
住所	Mengon Shopping Complex, Main Bazar
TEL	80100-77124

ジャマー・マスジットの隣の商業施設にあるカフェ。同様のメニューを揃えたカフェは近隣に何軒かあるが、この店にはメイン・バザールを一望できるテラス席があるため、特に人気。冬季は休業。

ザ・コーヒー・ラウンジ 折込B C-3
The Coffee Lounge

価格帯	$$
住所	Fort Rd.
TEL	99069-88006

フォート・ロード沿いの閑静な立地にあるカフェ。コーヒーや紅茶など各種ドリンクのほか、ケーキやティラミス、フレンチトーストといったカフェらしいメニューがおいしい。冬季は休業。

ショコ・モンク・チョコレート 折込C
Schoko Monk Chocolates

価格帯	$$
住所	LBA complex DB2, Zangsti Rd.

2022年にオープンした、手作りチョコレートの専門店。ラダックの地酒であるチャンを材料に使うなど、多彩なアイデアで丁寧に仕込まれたチョコレートを楽しむことができる。冬季は休業。

デ・コーヒー・ケイブ 折込C
De Coffee Cave

価格帯	$$
住所	Noor Complex, Main Bazar

2017年にメイン・バザールにオープンしたカフェ。洞窟のような奥行きのある店構えが特徴。店内でWi-Fiが利用できるので、ノートパソコンを開いて長居する客も多い。冬季は休業。

ララズ・カフェ 折込B C-3
Lala's Cafe

価格帯	$
住所	Leh Old Town

旧市街の古民家を改装して作られた、人気のカフェ。チベット・ヘリテイジ・ファンドによって運営されている。店内では居心地のいいチベット風ソファでくつろげる。地元産のアンズで作ったジュースなどが、良心的な価格で楽しめる。冬季は休業。

パンポッシュ・シェイク・コーナー 折込C
Pamposh Shake Corner

価格帯	$
住所	Main Bazar

かなり昔からメイン・バザールで営業している、老舗のドリンクスタンド。マンゴーやバナナを使ったシェイクが特に人気で、地元の人々や旅行者がいつも行列を作っている。冬季は休業。

ジグメット・クチュール
Jigmat Couture 折込B C-3

価格帯	$$$
住所	Opposite Axis Bank, Shagaran
URL	www.jigmatcouture.com

ファッションデザイナーとして働いていたラダック人夫妻が2010年に開業したブティック。伝統様式を取り入れながらオリジナリティも兼ね備えた衣服を販売している。オーダーメイドも人気で、ラダック人の間でも評価が高い。通年営業。

ノマディック・ウーレン・ミルズ
Nomadic Woollen Mills 折込B C-3

価格帯	$$
住所	Noor Complex, Main Bazaar
URL	nomadicwoollenmills.com

ラダックで暮らす遊牧民から買い付けたパシュミナやウールで作った毛織物を販売している店。ナチュラルな素材感の商品が手に入る。店内で機織りの実演をしている時もある。通年営業。

ラダック・ルーラル・ウィメンズ・エンタープライズ
Ladakh Rural Women's Enterprise 折込C

価格帯	$
住所	NAC Complex, Main Bazaar

LEDeGというNPOに勤めていた女性、ツェリン・ドルマさんが独立開業した店。各地の農村に住む女性たちを独自に指導し、女性たちの手作りによる毛織物やフェルト製人形などを扱う。冬季は休業。

オリヴィエ・フェルミ・フォトギャラリー
Olivier Föllmi Photo Gallery 折込B C-3

価格帯	$
住所	Raku Complex, Fort Rd.

ザンスカールを中心とした地域の撮影に尽力してきたフランスの著名な写真家、オリヴィエ・フェルミの作品の大判ポスターなどを扱うギャラリーショップ。ポストカードが手頃でおすすめ。冬季は休業。

ゾムサ
Dzomsa 折込C

価格帯	$
住所	LBA Shopping Complex, Zangsti

レーでは有名なエコショップ。水筒や空のボトルを持参すると、煮沸消毒した水を市販の水の半額程度で売ってくれる。オーガニック商品の販売やランドリーサービスなども行っている。冬季は休業。

チョスパ
Chospa 折込C

価格帯	$
住所	Main Bazar

メイン・バザールのほか、レー市内に複数の店舗を構えているスーパーマーケット。辺境の地にある店とは思えないほど、食品や生活雑貨の品揃えが豊富で、地元民でいつも賑わっている。通年営業。

モティ・マーケット

メイン・バザールから少し南の地域に広がる、地元の人々向けの商店街。主に外部から持ち込まれた衣類や生活雑貨、食器などを扱う店が多く、値段も全体的に安め。本格的な仏具を扱う店がある一方で、普段使いによさそうな手頃な価格の食器を扱う店や、インド軍からの放出品の衣服や装備を扱う店もある。

チベタン・レフュジー・マーケット

現在は中国に占領されているチベット本土から亡命してきたチベット人やその二世、三世が出店する露店街が、レーの街の中にいくつか点在している。仏教関連の品々やアクセサリーなど、旅行者がおみやげで買うのに手頃でよさそうな商品が多い。店番のチベット人たちとの、のんびりした値段交渉も楽しい。

イスラーム教徒のパン屋街

ジャマー・マスジットの西の路地を北に進んでいくと、イスラーム教徒のパン屋が軒を連ねている。彼らは早朝から午前中にかけて、昔ながらのかまどを使って大小数種類のパンを焼いている。焼きたてのパンは香ばしく、軽めの朝食にするのにちょうどいい。店を撮影する際は、事前に交渉して了解を得ること。

ドライフルーツの露店街

メイン・バザールの目抜き通りの南端から、カーブを描く道路沿いに、干しアンズや干しぶどう、クルミなど、地元で作られたドライフルーツやナッツ類を扱う露店が並んでいる。トゥクパを作るのに欠かせないチュルペ（乾燥チーズ）などもここで購入できる。

メイン・バザールの野菜の露店

外部から輸送されてきた野菜や果物を扱う青果店は、レーの街の中に数多くあるが、夏の間に地元で穫れた新鮮な野菜と果物は、メイン・バザールの目抜き通り沿いに座って野菜を並べて売っている女性たちから、手頃な値段で買うことができる。

アドベンチャー・トラベル・ハウス
Adventure Travel House

折込B C-3

住所	Zangsti Rd.
TEL	94191-79816、99069-76210
E-Mail	athzanskar@gmail.com
URL	www.ladakhzanskartrekking.com

ザンスカール人のロブザン・ツルティムさんが経営する旅行会社。ザンスカール方面へのツアーや個人手配などの経験が豊富。山間部へのトレッキングも、比較的安価な料金で手配してもらえる。

ヒドゥン・ヒマラヤ
Hidden Himalaya

折込B C-3

住所	2F Hemis Complex, Zangsti, Upper Tuckcha Rd.
TEL	60055-70673、99069-99937、94692-13546
E-Mail	sachitsewang@gmail.com
URL	zanskar.jimdo.com

日本人の上甲紗智さんとご主人でザンスカール人のツェワン・ヤンペルさんの旅行会社。1階は同経営のカフェ。旅行手配はメールなどで事前に予約した場合のみ対応している。

▶その他の施設　　　　　　　　　　　　　　*Other Facilities*

観光案内所

メイン・バザールの近く、J&Kバンクの向かい側に観光案内所がある。各地の紹介やバスの運行情報などを得られるが、必ずしも最新の状況に即しているとは限らないので注意が必要だ。

病院・薬局

街の南に、ソナム・ノルブー記念病院がある。救急窓口は24時間受付を行っており、高山病になった人は酸素吸入を受けられる。薬局はメイン・バザール周辺に何軒かあり、ダイアモックス（P219）も購入可能。

銀行・両替所

メイン・バザール周辺には、ステイト・バンク・オブ・インディアをはじめ、いくつかのインドの銀行の窓口やATMが設置されている。夏は至るところで両替所が営業していて、日本円の現金の両替もできる。

警察署

警察署は、ホテル・カンラーチェンの対面にある（2023年の時点では建て替え工事中）。盗難などの犯罪被害に遭った場合は、警察署で保険の申請などに必要な書類の作成を行っておくといい。

▶レーと周辺との交通手段　　　*Getting there & away*

―空港と街の間の交通手段

　レーの街の南外れ、スピトク・ゴンパの近くに、レー・クショ・バクラ・リンポチェ・エアポート（IXL）があり、デリーなどとの間を行き来する飛行機が、早朝から昼頃にかけて離発着する。空港からレーの街までの送迎車を予約していない場合は、空港ターミナル付近の窓口でタクシーを手配できる。行き先のホテル名などを告げるとそこまでに必要な料金を教えてもらえる。

　逆に街から空港に行く際は、ホテルや旅行会社を通じて、前日までにタクシーを予約しておくと確実。時間帯によっては空港はかなり混み合うので、出発の3時間前までに到着しておくと安心だ。

―陸路での各地との交通手段

　レーの街のやや南にあるバススタンドには、公営と私営の長距離バスの発着所と、主に短距離区間で運行するミニバスの発着所がある。レーとラダック内の各地域の間を結ぶバスの大半は、この付近から発着しているが、一部の私営の長距離バスなどは、別の場所から発着している場合もある。あらかじめ旅行会社や観光案内所で確認しておくのが望ましい。

　レー周辺や上ラダック方面など、比較的短距離を移動する場合は、レー・メイン・ゲート付近にある短距離タクシースタンドなどでタクシーを拾うことができる。この場合、帰りのタクシーをどこでどう拾うかを考慮しておく必要がある。

　長距離を移動する場合は、旅行会社を通じて車をチャーターするのが無難だ。チャーター車の料金は、ラダックのタクシー組合が、目的地や日数によっていくらになるのかをあらかじめ規定している。ほとんどの旅行会社は、目的地ごとのチャーター車の料金をまとめた冊子を持っているので、それを見ながら交渉するといい。

ラダック

レー

⊙ 上ラダック

ラダックの中心地レーの南東、インダス川沿いを上流に遡った一帯を、上ラダック（トゥ）と呼ぶ。かつてのラダック王家の菩提寺ヘミス・ゴンパやゲルク派の大僧院ティクセ・ゴンパなど、ラダックを代表する僧院が数多く集まっている。ラダックで最初の統一王朝の都が置かれていたシェイや、王族の末裔が暮らしていたストックなど、ラダックの歴史を知る上で欠かせない場所も多い。川沿いに点在する農村の風景はのどかで美しく、散策すると心が安らぐ。

レーと上ラダックの各地との間では、ミニバスや乗合タクシーが運行しているが、本数はそれほど多くない。複数のスポットを効率よく回るなら、旅行会社を通じて車をチャーターするか、バイクをレンタルする方がいい。上ラダックの見どころのほとんどは、50キロ四方の範囲内に収まっているので、レーから日帰りでの観光も十分可能だ。とはいえ、1日ですべてを見て回ろうとすると時間が足りなくなるので、1日目はシェイ、ティクセ、スタクナ、マト、2日目はヘミス、チェムレ、サクティといった具合に分けると、余裕を持って見て回ることができる。

上ラダックで食堂や茶店、商店のある場所は、チョグラムサル、シェイ、ティクセ、カルーなど。夏以外は食堂が休業している場合も多いので、あらかじめ携行食と水を用意しておくのが無難だ。

宿泊に関しては、シェイからティクセにかけての一帯に、簡素なゲストハウスから高級なリゾートホテルまで、いくつかの宿が点在している。ティクセ・ゴンパとヘミス・ゴンパでは、僧侶の方と交渉して許可をもらえれば、宿坊などに泊めてもらえる場合もある。

インダス川沿いに広がる上ラダックの風景

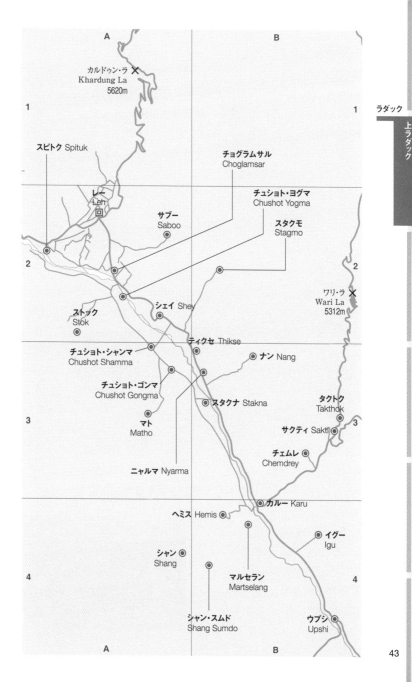

カルドゥン・ラ ✕
Khardung La
5620m

1

スピトク Spituk

チョグラムサル
Choglamsar

レー
Leh

チュショト・ヨグマ
Chushot Yogma

サブー
Saboo

スタクモ
Stagmo

2

ワリ・ラ ✕
Wari La
5312m

ストック
Stok

シェイ Shey

チュショト・シャンマ
Chushot Shamma

ティクセ Thikse

ナン Nang

チュショト・ゴンマ
Chushot Gongma

スタクナ Stakna

タクトク
Takthok

マト
Matho

サクティ Sakti

チェムレ
Chemdrey

ニャルマ Nyarma

カルー Karu

ヘミス Hemis

イグー
Igu

シャン
Shang

マルセラン
Martselang

シャン・スムド
Shang Sumdo

ウプシ
Upshi

▶ サブー P043 A-2

Saboo

　サブーは、レーの南東、約10キロほどの谷間にある村。かつてはラダック王家の重臣の所領だった。現在の村には、山上に残る砦の跡と、ゲルク派の僧院タシ・ゲペル・ゴンパ、ドゥクパ・カギュ派に属するサブー・ツァムカンなどが残っている。レーからは朝と夕方にバスも運行しているが、ほとんどの旅行者は、短距離タクシーやレンタバイクなどで訪れる。

▶ チョグラムサル P043 A-2

Choglamsar

　レーの南東、インダス川に面した一角に広がる街、チョグラムサル。大勢の亡命チベット人とその二世、三世が暮らしている地域で、チベット風の絨毯や民芸品を製造している工房もある。商店や食堂も比較的多い。チベット人の子供を中心に受け入れている寄宿学校のチベット子供村 TCV（Tibetan Children's Villages）の支部や、仏教大学 CIBS（Central Institute of Buddhist Studies）などもこのチョグラムサルにある。レーとの間は、ミニバスや乗合タクシーが頻繁に行き来している。

　街の南東には、ダライ・ラマ14世がラダック訪問時に滞在するジウェツァルと呼ばれる邸宅がある。隣接する広大な敷地は、ダライ・ラマ14世による法話が行われる際の会場となり、数万人もの仏教徒が集まる。

　チョグラムサルとサブーは、2010年夏の集中豪雨に伴う土石流災害で甚大な被害を受け、死者・行方不明者は約600名にも達した。その後、現在はどちらもほぼ復興している。

ダライ・ラマ14世の法話が行われているジウェツァル

▶ストック／ストック・カル／ストック・グルプク・ゴンパ P043
A-2

Stok / Stok Khar / Stok Gurphug Gompa

　ストックは、レーからインダス川を挟んで対岸の山麓に位置する村。標高6123メートルの高峰ストック・カンリの登頂を目指す登山者の拠点として知られる（2023年の時点では、環境保護のため入山が規制されている）。レーからのバスは本数が少なく、短距離タクシーやレンタバイクで行くのが便利。村とその周辺には、宿やホームステイを受け入れている民家も多い。

　この村には、19世紀初頭に建てられたラダック王家の居城、ストック・カルがある。この城の完成後、わずか20年足らずのうちに、ラダック王国は滅亡してしまった。現在、王族の末裔はここには住んでおらず、博物館として一般開放されていて、王家にまつわる衣服や宝飾品、タンカ（仏画）など、貴重な品々が展示されている。

　村の中には、ゲルク派の僧院、ストック・グルプク・ゴンパがあるが、僧侶の姿は普段あまり見かけない。村の西側には、2016年に完成した高さ約20メートルのシャキャ・ムニ（釈迦牟尼）像がある。

王家の居城だったストック・カル

ストック・グル・ツェチュ　　　　　　　　　　　　*Stok Guru Tsechu*

　チベット暦の1月9、10日（太陽暦では2、3月頃）、ストック・グルプク・ゴンパで催される祭礼。スピトク・ゴンパの僧侶たちによるチャム（仮面舞踊）が披露されるほか、2人の村人がラバ（シャーマン）となり、ギャランと呼ばれる兄弟神を憑依させる儀式を行う。トランス状態となった2人のラバは、抜身の剣をふりかざしながら、荒々しい口調で村人たちに神託を告げる。

▶シェイ／シェイ・カル／シェイ・ゴンパ P043 A-2

Shey / Shey Khar / Shey Gompa

　レーの南東、約15キロほどの場所にある村、シェイ。レーからは上ラダック方面を南下するバスを途中下車するか、短距離タクシーやレンタバイクなどで行くのが一般的。村には簡素な宿と食堂、商店がある。

　10世紀頃、ラダックで誕生した最初の統一王朝、ラチェン王朝のラチェン・パルギゴン王は、王都をシェイに定めた。16世紀頃、ナムギャル王朝の時代に王都がレーに移されてからも、シェイは王家ゆかりの地として重んじられ続けた。岩山の中腹にそびえる王宮、シェイ・カルが建設されたのは、17世紀頃。ラダック王国全盛期に君臨したセンゲ・ナムギャル王の死後、跡を継いだ息子のデルダン・ナムギャル王が、父の供養のためにシェイ・カルの建立を命じたとされている。

　シェイ・カルの内側にはシェイ・ゴンパがあり、そのお堂には高さ10メートルほどのシャキャ・ムニ（釈迦牟尼）像が祀られている。堂内の２階には、繊細な筆致で描かれたセンゲダ（獅子吼観音）やグル・ツェンゲ（グル・リンポチェ八変化）などの見事な壁画も残されている。

　シェイ・カルのある岩山の頂上付近には、古い城砦の跡が残っているが、歩いて登るのは少し危険。岩山の麓には、ギャワ・リンガ（金剛界五仏）の磨崖仏が岩肌に残されている。

　岩山から道路を挟んで南側には、地元の人々から崇められている聖なる池が静かな水面を湛えている。池の中心の小島には、土着信仰に伝わる水の精霊ルーを祀った祠（ルー・バーン）がある。

シェイ・カルの全景

シェイ・カルの少し南には、16世紀頃に建立されたラガンまたはテスタンと呼ばれる小さなお堂があり、内部にはシェイ・ゴンパのものとよく似たシャキャ・ムニ像が祀られている。ラガンから道路を挟んで東側に広がる荒野には、大小合わせて数百もの白いチョルテン（仏塔）が林立していて、荘厳な光景を作り出している。

村の東外れにあるドゥルク・ペマ・カルポ・スクール（ホワイト・ロータス・スクール）は、ドゥクパ・カギュ派の管長ドゥクチェン・リンポチェが発案し、ダライ・ラマ14世や俳優のリチャード・ギアなど国内外のスポンサーの支援で設立された寄宿学校だ。日本でも大ヒットしたインド映画「3 Idiots」（邦題「きっと、うまくいく」）では、主人公ランチョーがラダックで設立した理想の学校という設定で、この学校の敷地内で撮影が行われた。それにちなんで、この学校はランチョー・スクールとも呼ばれている。

シェイ・シュウブラ　　　　　　　　　　　　　　　　　　*Shey Srubla*

チベット暦の7月9、10日（太陽暦では8、9月頃）、シェイの村で催される収穫祭。村に住むラバ（シャーマン）の男性が、ラガンに籠って祈祷を行い、ドルジェ・チェンモと呼ばれる護法神を自らの身体に降臨させる。ドルジェ・チェンモを憑依させたラバは、村人たちから捧げられたチャンやアラクといった酒を浴びるように飲み、周囲に振りまきながら、ドルジェ・チェンモからの神託を呟きはじめる（ちなみに現在のシェイのラバは、普段は一滴も酒を飲めないという）。ラバは白馬にまたがり、随伴する村人たちとともに村の中を練り歩きながら、シェイ・カルなど行く先々でさまざまな神託を告げる。この収穫祭が終わった後、シェイでは本格的な収穫作業が始まる。

ドルジェ・チェンモが憑依したラバ

ティクセ・ゴンパ

▶ティクセ／ティクセ・ゴンパ P043 B-3 *Thikse / Thikse Gompa*

　インダス川沿いに数キロにわたって、豊かな畑地と家々が連なる村、ティクセ。2000人以上の人々が暮らしている、ラダックの中でもかなり大きな村だ。レーからは19キロほど離れた場所にあり、シェイなどと同じく、上ラダック方面を南下するバスを途中下車するか、短距離タクシーやレンタバイクなどで訪れる人が多い。宿や食堂、商店などは、街道沿いのところどころにある。

　村の北にそびえる岩山には、ラダックを代表する大僧院の一つ、ティクセ・ゴンパがある。岩山の南側に大小無数の僧坊がひしめく勇壮な佇まいは、まさに圧巻だ。ゲルク派に属するこの僧院は、同宗派の開祖ツォンカパの弟子チャンセム・シェラブ・サンポの甥で弟子でもあったパルデン・シェラブ・サンポが、ツォンカパが遺したとされる予言に従ってこの地を選び、15世紀頃に建立したと伝えられている。座主のティクセ・カンポ・リンポチェは、チャンセム・シェラブ・サンポの9代目の転生者にあたる。100名ほどの僧侶がこの僧院に在籍しているほか、僧院内の学校では、数十名の少年僧が学んでいる。

　ティクセ・ゴンパの中でも重要なお堂は、岩山の頂上付近に集まっている。頂上までは、南麓に連なる僧坊の合間を縫うようにして歩いて登ることもできるが、車道も、東側から大回りする形で頂上の手前まで繋がっている。

　1980年に完成したチャムカンという比較的新しいお堂には、1、2階が吹き抜けになっている内側に、高さ約15メートルのチャンバ（弥勒菩薩）像が祀られている。像自体も新しいものだが、端正で穏やかな顔立ちが人気を集めていて、インド政府観光局のプロモーション写真でも起用されている。

ティクセ・ゴンパのチャンバ像

49

ティクセ・ゴンパのドゥカン（本堂）では、ほぼ毎日、早朝の時間帯に、大勢の僧侶たちによる勤行が行われていて、一般の人もその様子を見学することができる。創建当時のままと思われるゴンカン（護法堂）の内部には、ゲルク派の守護尊ドルジェ・ジッチェ（大威徳明王）などの像が祀られている。それぞれの像は、強すぎる力を遮るため、顔の部分が布で覆い隠されている。

　僧院の屋上に登ると、ティクセの村だけでなく、シェイ、スタクナ、マトなど、上ラダックの風景を一望することができる。僧院内には一般の人でも利用可能な宿坊のほか、食堂や売店、トイレ（特に男性用のトイレが異様に眺望のいいことで有名）などの設備も整っている。

ティクセ・ゴンパのドルジェ・ジッチェ像

ティクセ・グストル　　　　　　　　　　　　　　　*Thikse Gustor*

　チベット暦の9月18、19日（太陽暦では10、11月頃）にティクセ・ゴンパで催される、チャム（仮面舞踊）を伴う祭礼。この期間は、ゴンカン内の仏像も、顔を覆う布を外されて開帳される。

　ラダックの他のゲルク派の僧院で行われる祭礼と内容的にはよく似ているが、ティクセ・グストルには、紙に描いたダオ（仏教に対する敵の象徴）に火をつけて一気に燃やし尽くす儀式など、他ではあまり見られない儀式も含まれている。

　この祭礼では、1人のラバ（シャーマン）が登場して、パルデン・ラモ（吉祥天）を降臨させるという重要な役割を担う。白、金、赤の装束に身を包んだラバは、僧院の屋根の縁を伝い歩きながら、集まった人々に神託を告げる。祭礼2日目の最後には、赤い三角錐のような形をした大きなトルマ（お供え物）が僧院の外に運び出され、火に投じられる儀式（トルマソル）が行われる。

▶ スタクナ／スタクナ・ゴンパ *Stakna / Stakna Gompa*

　スタクナは、レーの南東約25キロ、ティクセの南外れにある村。レーからは、上ラダックを南下するバスを途中下車し、インダス川に架かる橋を西岸に渡る。短距離タクシーやレンタバイクで訪れるのも容易だ。

　インダス川沿いに屹立する岩山の上には、ブータン系のドゥクパ・カギュ派に属する僧院、スタクナ・ゴンパがある。16世紀末から17世紀初頭の頃、ラダック王国のジャムヤン・ナムギャル王が、ブータンから招いた高僧チョスジェ・ジャムヤン・パルカルの居寺として、この僧院を建立したと伝えられている。当時、岩山の形が虎の鼻に似ていると言われていたことから、僧院は「虎の鼻」という意味を持つ「スタクナ」と名付けられた。インド北部で、同じブータン系のドゥクパ・カギュ派に属する僧院は、ザンスカールのバルダン・ゴンパやサニ・ゴンパ、ゾンクル・ゴンパなどがある。

　座主のスタクナ・リンポチェは2010年に先代が亡くなったが、その後、伝統的な占いなどの方法によって転生者とされる少年が探し出され、新たなスタクナ・リンポチェとして認定されている。

　スタクナ・ゴンパのドゥカン（本堂）の内部には、古くから伝わる仏像やタンカ（仏画）、壁画がひしめいていて、荘厳な雰囲気を醸し出している。特に、ドゥカンの左奥にある小さなお堂には、アッサム地方から伝来したという大理石のチェンレジ（観音菩薩）像をはじめ、ひときわ古い時代の仏像が祀られている。

　スタクナ・ゴンパでは、ラダックやザンスカールに存在する他の多くの僧院とは違って、チャム（仮面舞踊）を伴う祭礼は、基本的に行われていない。

スタクナ・ゴンパ

　レーから南に約20キロ、インダス川西岸の山裾に位置する村、マト（現地語では「マショ」という発音でも呼ばれる）。この地はかつて、ラダック王国の王家の所領だった。レーからのバスは本数があまり多くなく、短距離タクシーやレンタバイクを利用して訪れるのが一般的。村の中には、旅行者のホームステイを受け入れてくれる民家もある。

　この村にあるマト・ゴンパは、ラダックで唯一のサキャ派に属する僧院だ。15世紀頃、チベットからラダックを訪れたサキャ派の高僧トンパ・ドルジェ・パルサンに対し、ラダック王国のダク・ブムデ王がマトの土地を寄進したのがきっかけで、この地に僧院が建立されることになったという。17世紀頃には、戦乱の余波で僧院の建物は破壊されてしまったが、後に再建された。

　トンパ・ドルジェ・パルサンはマトに来る前、ラダックから2000キロ以上東にある聖山、カワ・カルポ（梅里雪山）で礼拝供養を行っていたという。その際、ロンツェン・カルポとロンツェン・マルポと呼ばれるカワ・カルポの兄弟神が、トンパ・ドルジェ・パルサンの後をついてくるようになり、マトにまで一緒に来て、住み着いてしまった、と伝えられている。ロンツェン・カルポとロンツェン・マルポを祀る祠は、今も僧院から少し離れた山の中に存在する。

　マト・ゴンパの現在の座主は、ルディン・キェン・リンポチェ。今ある僧院の建物には、増改築を施した新しいものが多く、座主の手腕を感じさせる。お堂の中に祀られている仏像の多くも、華やかな装飾を施された新しいものだ。

　僧院の建物の屋上に登ると、シェイ、ティクセ、スタクナなど、インダス川沿いの村々を一望する風景を

マト・ゴンパの堂内に祀られている立体曼荼羅

楽しむことができる。

　マト・ゴンパでもっとも神聖なお堂とされるゴンカン（護法堂）は、床に麦粒が敷き詰められた真っ暗な部屋で、壁には無数の武器や仮面がひしめいている。他の僧院のゴンカンとは、まったく異なる雰囲気のお堂だ。残念ながら、このゴンカンは現在、僧侶以外の人間が立ち入ることは禁じられている。

マト・ナグラン　　　　　　　　　　　　　　　*Matho Nagrang*

　チベット暦の1月14、15日（太陽暦では2、3月頃）にマト・ゴンパで催されるチャム（仮面舞踊）を伴う祭礼。僧院に所属する僧侶の中から選ばれた2人がラバ（シャーマン）となるのが特徴（マト・ナグランに登場するラバの撮影は、現在禁止されている）。

　2人の僧侶は、3カ月に及ぶ祈祷と瞑想を経て、マトの守り神であるロンツェン・カルポとロンツェン・マルポの兄弟神をその身体に降臨させる。祭礼の1日目に登場する2人のラバは、白、金、赤の装束を身にまとい、抜き身の剣をふりかざして駆け回りながら、人々に神託を告げる。

　2日目に登場するラバたちの服装は、がらりと変わる。頭にぼさぼさの長髪のかつらをかぶり、全身の肌は真っ黒に塗られている。腹と背中に描かれているのは、3つの目を持つ神の顔。毛皮の腰巻には短剣が差し込まれていて、左右の手にはダマル（でんでん太鼓のような法具）とドルジェ（金剛杵）。顔は布の仮面に覆われているが、まるで周囲がすべて見えているかのように、ラバたちは境内を駆け回る。異形のラバたちを前に、人々は畏怖の念を込めて祈りながら、2人が呟く言葉に神妙に耳を傾ける。

　長い冬を越え、待ちわびた春が訪れる前に催される、ラダックの早春の風物詩とも言える祭礼だ。

マト・ナグランに登場した仮面の僧侶

53

▶スタクモ／スタクモ・ゴンパ P043 B-2 *Stagmo / Stagmo Gompa*

　スタクモは、シェイとティクセを結ぶ道路の途中から、緩やかな斜面を北東に5キロほど遡った場所にある村だ。この地で栽培された大麦から作られるツァンパはとてもおいしいと評判で、ダライ・ラマ14世がラダックを訪れた際にも献上されてきた。レーから訪れるには、短距離タクシーかレンタバイクの利用が一般的。村にはホームステイ形式の宿もある。

　この村には、ゲルク派に属する小さな僧院、スタクモ・ゴンパがある。15世紀頃、ゲルク派の開祖ツォンカパの弟子、チャンセム・シェラブ・サンポによって建立された僧院で、このスタクモ・ゴンパが、後にティクセ・ゴンパの建立と発展に繋がったと考えられている。

▶ニャルマ・ゴンパ P043 B-3 *Nyarma Gompa*

　ティクセとスタクナを結ぶ道路の途中の東側に、かつてニャルマ・ゴンパと呼ばれていた僧院の跡が残っている。レーからは、上ラダック方面を南下するバスを途中下車するか、短距離タクシーやレンタバイクを利用して訪れる。

　この遺跡は10〜11世紀頃、グゲのトリン・ゴンパやスピティのタボ・ゴンパとともに、高僧ロツァワ・リンチェン・サンポが建立に関わった三大寺の1つだったと伝えられている。かなり巨大な僧院だったようだが、現在は完全に廃墟と化していて、日干し煉瓦などで作られた分厚い壁の遺構が部分的に残るだけ。チョルテン（仏塔）の内側には、わずかに壁画の痕跡が残っている箇所もある。

ニャルマ・ゴンパの遺構

▶ヘミス／ヘミス・ゴンパ／ゴツァン・ゴンパ

Hemis / Hemis Gompa / Gotsang Gompa

　ヘミスは、レーから南東に45キロほど離れた山間にある小さな村だ。レーからのバスは日に1本程度と少なく、街道上にあるカルーからは、5キロほど斜面を上らなければならないので、チャーター車かレンタバイクで訪れるのが無難。

　この村には、ラダックでもっとも有名で規模の大きな僧院、ヘミス・ゴンパがある。17世紀頃、ラダック王国のセンゲ・ナムギャル王が、王家の導師でもあったチベットの高僧タクツァン・レーパのために、この僧院の建立を命じたと伝えられている。以来、ヘミス・ゴンパはラダック王家の菩提寺として、篤い庇護を受けてきた。ドゥクパ・カギュ派に属するこの僧院では、タクツァン・レーパの転生者が代々座主を務めている。また、同宗派の管長であるドゥクチェン・リンポチェ（ギャルワン・ドゥクパ）も、後述するヘミス・ツェチュの祭礼の折などに、よくこの地を訪れる。分院にいる僧侶を含めると、数百名の僧侶がこの僧院に所属しているという。

　ラダックの他の僧院と比べてもかなり大きな建物は、ドゥカン（本堂）が2つあるという独特の構造。高さ7、8メートルほどもあるグル・リンポチェ像が祀られているグル・ラカンや、タクツァン・レーパの肖像画などの見事な壁画が描かれているラカン・ニンパといったお堂も、同じ建物内にある（現在、僧院内の多くのお堂では、基本的に撮影が禁止されている）。

　敷地内には、ヘミス・ゴンパに代々伝わる仏像や仏具、タンカ（仏画）などを多数収蔵している博物館もある。僧院の脇に簡素な食堂があるほか、僧侶から許可を得られれば、僧院の宿坊に泊まれる場合もある。

ヘミス・ゴンパにあるタクツァン・レーパの壁画

ヘミス・ゴンパから急な山道を20〜30分ほどかけて登ると、ゴツァン・ゴンパと呼ばれる小さな僧院がある。創建はヘミス・ゴンパよりも古く、13世紀頃にまで遡る。当時、ドゥクパ・カギュ派の高僧ギャルワ・ゴツァンが瞑想修行を行ったと伝えられている石窟が、今も残っている。この僧院は印経院でもあり、現在もヘミス・ゴンパなどで使われている経典の印刷が、昔ながらの手法で行われている。

ヘミス・ツェチュ　　　　　　　　　　　　　　　　　*Hemis Tse-chu*

　チベット暦の5月10、11日（太陽暦では6、7月頃）にヘミス・ゴンパで催される、チャム（仮面舞踊）を伴う祭礼。夏にラダックの僧院で開催される祭礼の中でも最大のもので、国内外から多くの見物客が訪れる。ヘミス・ツェチュの歴史は意外と新しく、18世紀頃、当時のヘミス・ゴンパの座主ギャルセー・リンポチェ（ミパム・ツェワン）によって、毎年催されるようになったのが始まりと伝えられている。

　ツェチュとは「月の10日」という意味。かつてチベットで仏教を普及させた密教行者グル・リンポチェ（パドマサンバヴァ）の生涯に起こった重要な出来事が、月の10日目に起こったとされていることにちなんでいる。そのため、ツェチュと名の付く祭礼は、この僧院に限らず、チベット暦の月の10日に催されているものが多い。

　祭礼の朝、僧院の建物の壁面には、ドゥクパ・カギュ派の高僧ペマ・カルポ、またはギャルセー・リンポチェの巨大なタンカ（仏画）が掲げられる。12年に一度、申年の時にだけ、僧院に秘蔵されているグル・リンポチェの絵柄の巨大なタンカが開帳される。

　ヘミス・ツェチュの中でもっとも華やかなのは、初日の昼頃に披露される、グル・リンポチェとその生涯を象徴する八変化（グル・ツェンギェ）の仮面をつけた僧侶たちが勢揃いする時だ。八変化の仮面の僧侶たちは、天蓋を差し掛けられたグル・リンポチェの前で、それぞれの舞を披露する。

12年に一度だけ掲げられるグル・リンポチェの巨大タンカ

金属製の仮面を付けて舞を踊る僧侶

グル・リンポチェの前で八変化の一人の
舞が披露される

骸骨の仮面を付けた僧侶たち

57

　レーの南東約45キロ、カルーからサクティに向かう道の途中に、チェムレという小さな村がある。レーからはサクティ方面行きのミニバスを路上で途中下車し、1キロほど歩く必要がある。カルーやサクティから歩くのは少し遠い。村には宿や食堂、商店はない。

　この村にあるチェムレ・ゴンパは、17世紀頃、ラダック王国のセンゲ・ナムギャル王の死を弔うため、息子のデルダン・ナムギャル王と王家の導師タクツァン・レーパによって建立されたと伝えられている。ヘミス・ゴンパの分院にあたるドゥクパ・カギュ派の僧院で、所属している僧侶たちも、ヘミス・ゴンパとの間を頻繁に行き来している。

　チェムレ・ゴンパは、高さ百数十メートルの岩山の上に建てられている。岩山の南麓の斜面は大小の僧坊でびっしりと埋め尽くされていて、まるで要塞のように見える。

　ドゥカン（本堂）とその上の奥にあるお堂には、古い仏像と壁画が今も数多く残されている。ヘミス・ゴンパのものほどではないが、かなり大きなグル・リンポチェ像が祀られているお堂もある。

チェムレ・ゴンパ

チェムレ・アンチョク　　*Chemdrey Angchok*

　チベット暦の9月28、29日（太陽暦では11月頃）にチェムレ・ゴンパで催される、チャム（仮面舞踊）を伴う祭礼。本院のヘミス・ゴンパの祭礼であるヘミス・ツェチュは毎年夏に行われるが、チェムレ・アンチョクは初冬に行われるのが特徴。

▶ サクティ／タクトク・ゴンパ／カスパン

Sakti / Takthok Gompa / Khaspang

　レーの南東約45キロ、カルーから北東に約10キロの場所にある村、サクティ。かなり大きな村で、1700人以上の人々が暮らしている。谷間に広がる豊かな畑地や牧草地の間に、古くて大きな民家が点在している。数は少ないが、村には宿や商店もある。ラダック人の間でも、サクティはピクニックで訪れる人気スポットの一つとなっている。

　レーからは日に数本のミニバスが運行しているが、観光目的なら、チャーター車やレンタバイクを使って、ヘミスやチェムレと一緒にまとめて回る方が効率的。チャン・ラを経由してパンゴン・ツォを訪れる際には、必ずこの村を通ることになる。

　サクティには、ラダックでは珍しいニンマ派に属する僧院、タクトク・ゴンパがある。この僧院でもっとも重要なお堂は、崖に穿たれたダクプク（石窟）。グル・リンポチェがこの中で瞑想したと伝えられているが、実際には、クンガ・プンツォクという僧侶がこのダクプクを瞑想所にしたのが始まりとされている。その後、18世紀になって、東チベットから招かれた高僧カトック・リグジン・ツェワン・ノルブが、ダクプクを中心にした僧院を発展させた。「タクトク」という名称は「岩の屋根」という意味。

　現在のタクトク・ゴンパは、崖にあるダクプクを中心にした旧棟と、少し離れた平地に建てられた新棟とに大きく分かれている。ダクプクでは、暗くひんやりとした洞窟内に古い仏像や仏画が祀られていて、天井にはお布施の紙幣や硬貨が貼り付けられている。常駐の僧侶は少なく、石窟の鍵を管理する僧侶を見つけるのに苦労する場合もある。

タクトク・ゴンパのダクプク

タクトク・ゴンパの座主は、1960年代にチベットからインドに亡命してきたニンマ派の高僧、タクルン・ツェトゥル・リンポチェ。先代は2015年に亡くなったが、2022年にスピティで発見された少年が、転生者として認定されている。

　サクティから少し離れた山の中には、カスパンと呼ばれる瞑想所がある。かつて、高僧ギャルワ・ゴツァンが瞑想修行を行った場所と伝えられていて、現在も僧侶たちが瞑想修行に励んでいる。

カスパン

タクトク・ツェチュ／タクトク・アンチョク　*Takthok Tse-chu / Takthok Angchok*

　チベット暦の6月10、11日（太陽暦では7、8月頃）にタクトク・ゴンパで開催される、チャム（仮面舞踊）を伴う祭礼。一連の儀式は、平地にある新棟の境内で行われる。旧棟でも、石窟を含めてすべてのお堂が開帳されているので、拝観しやすい。

　タクトク・ツェチュは、ヘミス・ツェチュを小規模にしたような構成で、内容もよく似ている。グル・リンポチェとその八変化（グル・ツェンギェ）の仮面の僧侶たちによる舞いも披露される。

　また、タクトク・ゴンパでは、チェムレ・ゴンパのチェムレ・アンチョクと同じチベット暦の9月28、29日（太陽暦では11月頃）にも、タクトク・アンチョクと呼ばれる祭礼が催されるという。

タクトク・ツェチュに登場したグル・リンポチェとその八変化

▶ カルー P043 B-4   *Karu*

　カルーはインダス川沿いを南下する幹線道路上にある集落で、ヘミス方面に向かう道や、サクティからパンゴン・ツォ方面に向かう道が分岐していく場所にある。簡素な食堂や商店がそれなりに集まっていて、休憩のためにここで停まる車やバス、トラックも多い。ヘミスやチェムレ、サクティを回る際、昼食やトイレ休憩にはこの集落を利用すると便利だ。

▶ イグー P043 B-4   *Igu*

　カルーから南東に6キロほど離れた谷間にあるイグーは、かつてのラダック王国の重臣の所領だった土地で、古い謂れを持つ村。ドゥクパ・カギュ派の僧院イグー・ゴンパと、17世紀頃に建てられたと伝えられる城砦の跡などがある。レーからは一応ミニバスが運行しているが、他の交通手段を選んだ方が無難。

　2010年の夏に起こった土石流災害では、この村も甚大な被害を受けた。

イグー・ゴンパと城砦

▶ ウプシ P043 B-4   *Upshi*

　レー・マナリ・ハイウェイと、南東のチュマタンやマへ方面に向かうインダス川沿いの道との分岐点に位置する集落、ウプシ。カルーと同じく、ここにも食堂や商店が集まっていて、車やバス、トラックで行き交う人々の休憩所となっている。

⊙ 下ラダック

Lower Ladakh (Sham)

ラ　ダックのレーから西、ラマユル付近までのインダス川の下流側に連なる一帯は、下ラダック（シャム）と呼ばれている。レーや上ラダックよりも標高が少し低いため、麦や野菜、果物の栽培が盛んな村が多い。

　下ラダックには、チベット仏教美術の至宝として知られる貴重な仏像や壁画の数々を擁するアルチ・チョスコル・ゴンパのほか、ディクン・カギュ派のピャン・ゴンパやラマユル・ゴンパ、ゲルク派のスピトク・ゴンパ、リキル・ゴンパ、リゾン・ゴンパなど、各宗派の由緒ある大僧院が集まっている。他にも、サスポルやチリン、ピャンのグル・ラカン、スムダ・チュン・ゴンパ、マンギュ・ゴン

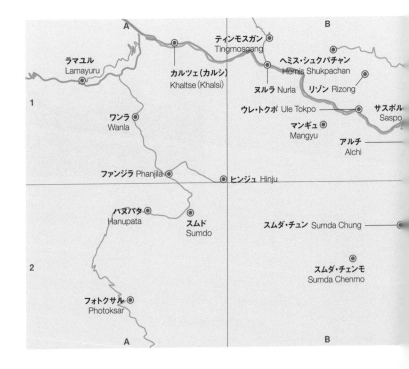

パ、ワンラ・ゴンパなど、あまり知られていないが見応えのあるスポットも多い。

　上ラダックと同様、レーと下ラダックの各地との間にはバスが運行しているが、本数は少ない。旅行会社を通じて車をチャーターするか、レンタバイクを活用するなどして、複数のスポットを効率よく回る方が現実的だ。上ラダックに比べると下ラダックはかなり広く、移動距離も長くなるので、レーからの日帰りで訪れるよりは、途中で1、2泊しながら各地を回る方が無理がない。

　下ラダックでは、宿場町のニンムとカルツェで多くの食堂と商店が営業している。宿は、アルチに比較的多くのゲストハウスが集まっているほか、ピャン、リキル、ウレ・トクポ、ティンモスガン、ラマユルなどにも宿がある。ただ、いずれの宿も、冬は休業している場合が多い。一方、比較的小さな村でも、交渉すればホームステイをさせてくれる民家は見つけやすい。

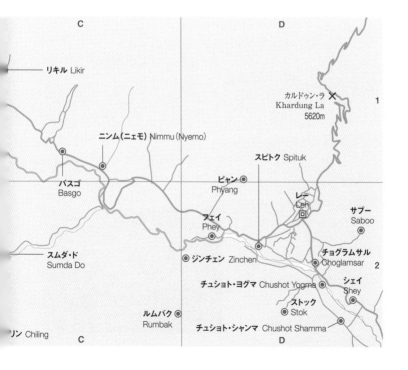

　レーから南西に約8キロ、レー・クショ・バクラ・リンポチェ・エアポートにほど近い場所にある村、スピトク。レーからは、バスや短距離タクシーで行き来できる。幹線道路のすぐそばにあるので、下ラダック方面をチャーター車やレンタバイクで回るついでに立ち寄る旅行者も多い。

　この村には、ラダックを語る上で欠かせない存在の一つである大僧院、スピトク・ゴンパがある。11世紀頃、グゲ王国のウー・デ王がこの地を訪れた際、この付近に寺院を建立したのが発祥と考えられている。15世紀頃、ゲルク派の開祖ツォンカパからの要請を受けたラダック王国のダク・ブムデ王によって、スピトク・ゴンパはラダック初のゲルク派の僧院となり、高僧ラワン・ロド・サンプによって拡張されていった。現在、所属する僧侶は百数十名ほどだが、普段はそれほど多くの僧侶は見かけない。

　僧院の建つ岩山の南麓には、無数の僧坊がひしめいている。岩山の頂上付近にある赤い壁のゴンカン（護法堂）の内部には、ゲルク派の守護尊ドルジェ・ジッチェ（大威徳明王）などの古めかしい像がずらりと祀られていて、厳かな空気が漂っている。

　スピトク・ゴンパの座主、クショ・バクラ・リンポチェは、2003年に亡くなった先代の19世がラダック随一の名士として特に有名で、インドの国会議員や駐モンゴルインド大使を務めるなど、国内外で篤く敬われた存在だった。ラダック唯一の民間空港に彼の名が冠されていることからも、ラダックにおいてその存在がいかに大きかったのかが窺える。2010年には、ヌブラ出身の少年がクショ・バクラ・リンポチェの転生者として認定され、即位している。

スピトク・ゴンパ

チベット暦の11月28、29日（太陽暦では1月頃）にスピトク・ゴンパで催される、チャム（仮面舞踊）を伴う祭礼。内容的には、他のゲルク派の僧院の祭礼とよく似ている。観光客の少ない時期なので、時に雪が舞う中でも見物に訪れる現地の人々の熱気を、肌で感じられる。

ラダック
下ラダック

▶フェイ／SECMOLフェイ・キャンパス　P063 D-2

Phey / SECMOL Phey Campus

　レーから西に13キロほどの場所にあるフェイの村には、ラダックの若者たちが学ぶ寄宿学校、SECMOL フェイ・キャンパスがある。現地まではチャーター車かレンタバイクの使用が一般的。

　SECMOL とは、ラダック人のエンジニア、ソナム・ワンチュク氏が始めた教育改革運動のこと。インドでは、日本で高校生の頃にあたる時期に、厳しい進学テストに合格しなければ、その後の進学の道が閉ざされてしまう。ラダック人学生のテスト合格率は、教育環境などの問題から、以前は5パーセント前後と低迷していた。ソナム氏らは、ラダック語の教科書の導入や教員の育成、僻地での学校建設などに取り組み、ラダック人学生の合格率を55パーセントまで向上させることに成功。SECMOL フェイ・キャンパスは、そのテストに落第した学生が再挑戦するための学校として設立された。

　約60名の学生が学ぶこの学校では、太陽光を活用する発電設備や温水器、調理器具のほか、コンポスト式トイレやゴミの分別など、環境負荷低減のための配慮がなされている。既存の教育手法に囚われない独自のカリキュラムは多くの教育関係者から注目を集め、映画「3 Idiots」（邦題「きっと、うまくいく」）で主人公がラダックで学校を設立するという設定のモデルとなった。

ソナム・ワンチュク氏と SECMOL フェイ・キャンパスの学生たち

▶ピャン／ピャン・ゴンパ P063 D-1 *Phyang / Phyang Gompa*

　ピャン（現地語では「フィヤン」という発音にやや近い）は、レーから西に17キロほど離れた場所にある、大きな村だ。谷間の緩やかな斜面に豊かな畑地が連なり、民家が点在している。レーからはバスが運行しているが本数は少なく、広い村の中での移動などを考えると、チャーター車かレンタバイクで訪れる方が効率的。ちなみにレーからは、半日ほど歩けば山を越えてピャンに至るトレッキングルートもある（歩く際は道案内のガイドを雇うのが無難）。村には、少ないながらも宿や商店がある。

　村の南西には、SECMOLの創始者のソナム・ワンチュク氏（P065）が中心となって設立した大学、HIAL（Himalayan Institute of Alternatives, Ladakh）のキャンパスがあるほか、ソナム氏が取り組む人工氷河プロジェクト「アイス・ストゥーパ・プロジェクト」の拠点も設けられていて、人工氷河によって水を供給されている植林地を見渡すことができる。

　村の中央の小高い丘の上に建っているのは、ピャン・ゴンパだ。16世紀頃、ラダックに招聘されたディクン・カギュ派の高僧ダンマ・クンガ・ダクパにこの地が所領として与えられたのが、ピャン・ゴンパの発祥と伝えられている。現在もラダックにおけるディクン・カギュ派の総本山となっていて、70名ほどの僧侶が在籍している。座主のトクダン・リンポチェは、ラダックを代表する名士の一人で、人々から篤く敬われていたが、2023年に亡くなった。

　僧院の一部は、近年になって改修工事が施されてかなり新しくなったが、顔が布で覆われた守護尊や護法神の像が祀られているゴンカン（護法堂）など、由緒ある古いお堂は今も保全されている。

ピャン・ゴンパ

ピャン・ツェドゥプ　　　　　　　　　　　　　　　*Phyang Tsedup*

　チベット暦の5月28、29日（太陽暦では7月頃）にピャン・ゴンパで催される、チャム（仮面舞踊）を伴う祭礼。僧侶たちが身につける仮面の種類や祭礼の構成は、同じディクン・カギュ派のラマユル・ゴンパで行われるユンドゥン・カブギャットによく似ている。祭礼が開催される時間はかなり長く、朝から夕方まで、途中に休憩を挟みつつ続けられる。

巨大なタンカ（仏画）の前で行われるピャン・ツェドゥプ

▶ グル・ラカン　P063 D-1　　　　　　　　　　　*Guru Lhakang*

　ピャンの村の東外れの山の中腹にぽつんと建つ、小さなお堂。麓にある民家の住人が鍵を管理しているので、拝観の際には、その家の人に頼んで鍵を開けてもらう必要がある。

　グル・ラカンの内部は、多数の守護尊やキュン（ガルーダ）などの壁画で、びっしりと埋め尽くされている。赤を基調とした色鮮やかな絵柄は、今にも動き出しそうな躍動感あふれる筆致で描かれていて、繊細な中に、どことなくおおらかさも感じさせる。ラダックに現存する古来の壁画の中でも、屈指のものと言っていいだろう。

　壁画の一部は傷みが激しかったが、チベット・ヘリテイジ・ファンドによる修復作業で、現在はかなり改善されている。

グル・ラカン内部の壁画

▶ ルムバク P063 C-2 *Rumbak*

　レーから南西に17キロほど離れた山の中にある小さな村、ルムバク。手前のジンチェンという集落までは車道が通じているが、そこから先は基本的に徒歩でのアクセスになる。村では、何軒かの民家がローテーションで、旅行者のホームステイを受け入れている。

　この村からは、東のストック・ラという峠を越えてストックに至るトレイルと、南西のガンダ・ラという峠を越えてマルカ谷の北西にあるスキウに至るトレイルがある。ルムバクやマルカ谷の一帯はヘミス国立公園の中に含まれていて、ブルーシープやユキヒョウなどの野生動物が山中に生息している。

▶ マルカ谷 折込A B-2〜C-2 *Markha Valley*

　マルカ谷は、高峰ストック・カンリを擁するストック山脈の南側にある渓谷地帯だ。レーからの距離が比較的近く、マルカ川沿いの景観も美しいことから、ラダックでも人気のトレッキングスポットとして知られている。谷の北西端で、マルカ川はザンスカール川と合流していて、その付近が谷への主な入口となっている。

　マルカ谷には、西からカヤ、スキウ、チャラク、マルカ、テチャ、ウムルン、ハンカルなどの村が点在していて、それぞれに旅行者のホームステイを受け入れている民家がある。谷の中央付近に位置するマルカには、古い砦の跡と、マルカ・ゴンパと呼ばれる小さな僧院がある。

　マルカ谷の南東端には、標高5130メートルに達する峠、コンマル・ラがそびえている。峠を越えて北東に下っていくと、シャン・スムドやマルセラン、そしてヘミスの付近へと至る。

マルカ谷のウムルン村

▶ ニンム（ニェモ） P063 C-1　　　　　　　　　　　*Nimmu (Nyemo)*

　ニンムは、レーから西に約36キロ、インダス川とザンスカール川の合流地点を少し過ぎたところにある村だ。道路の左右に簡素な食堂や商店がたくさん集まっていて、幹線道路を行き来する車の多くは、ここで停まって休憩を取る。商店街の西端に屋根のない公衆トイレがある。

▶ バスゴ P063 C-1　　　　　　　　　　　*Basgo*

　レーから約42キロ、ニンムの東の幹線道路沿いにある村、バスゴ。レーからは、下ラダック方面を西に向かうバスを途中下車すれば行けるが、運行状況を考えると、レーからバスを使って日帰りで訪れるのは厳しい。チャーター車かレンタバイクの利用が無難。村には商店のほか、ホームステイを受け入れている民家もある。

　バスゴの歴史は古く、10〜11世紀頃に高僧ロツァワ・リンチェン・サンポが建てたと伝えられるチョルテン（仏塔）が残されている。ラダック王国の統治下でも、バスゴは下ラダックにおける要衝の地として重視されてきた。17世紀にラダックとチベットとの間で戦争が勃発し、チベットの軍勢がレーを占拠した時には、ラダック軍はバスゴを最前線の拠点にして抵抗した。村には今も、カローンと呼ばれる王国の臣下の末裔が暮らしている。

　村の背後にそびえるラブタン・ラツェと呼ばれる岩山の上には、廃墟となった城跡のほか、ナムギャル王朝時代に建立された3つのお堂が残されていて、そのうちの2つには、巨大なチャンバ（弥勒菩薩）像が祀られている。

ラブタン・ラツェとバスゴの村

69

　ラダック各地には、ロサル（正月）の時期に行われる伝統的な悪霊祓いの風習が、今も残っている村がある。儀式の内容は村によって異なるが、バスゴで行われる一連の儀式は特に有名で、村を挙げての盛大な祭りになる。

　バスゴの悪霊祓いの儀式で中心的な役割を担うのは、ラマゾギ（異郷の修行者）と呼ばれる３人の村人だ。ロサルが明けて３日目から、ラマゾギたちは５日間ほどかけて、村の家々を訪問して回る。彼らは頭にかぶっているバルトットと呼ばれる荒縄の輪っかを手に取って相手にかざし、「ハッ！」と声をかけて悪霊を祓う。お祓いを受けた村人たちは、ラマゾギにお布施を渡し、白い羊毛をバルトットに結わえつける。最終日には、ラマゾギたちのかぶるバルトットは、白いアフロヘアーのかつらのような形になる。

　ロサルが明けて８日目には、白い布の仮面をつけたウルブルと呼ばれる少年たちの一団が現れる。ウルブルは村を練り歩いて、行き交う人々にいたずらを仕掛け、小銭をせびる。村の広場では、ラダック王国の臣下の末裔であるカローンが見守る中、白い覆面に尖った帽子をかぶったラルダクやカロク

バルトットを戴いたラマゾギ

巨大化したバルトット

と呼ばれる若者たちと、3人のラマゾギたちによる舞踊が披露される。

ロサルが明けてから9日目は、悪霊祓いの儀式の最終日となる。この日は新たに、白覆面をつけたアビ（老婆）とメメ（老人）と呼ばれる村の長老に扮した二人の人物が登場する。アビとメメと3人のラマゾギたちは、村のオンポ（占星術師）が祈祷をして悪霊を取り憑かせたダオと呼ばれるツァンパ製の人形を、村を流れる川に向かって投げ捨てるとともに、自らも服を脱ぎ捨てて全裸で川に飛び込み、氷のように冷たい水で身を清める。川から上がった5人は用意された礼装に着替え、村の女性からすすめられたチャンを飲む。

その後は村人が見守る中、若者たちによる騎馬競走が行われる。最後に、白覆面を外したラルダクとカロクたちを従えたカローンが、馬上で剣を振りかざしながらときの声をあげ、儀式が終わる。

ウルブルの一団

舞を披露するラルダクとカロク

最終日に登場するアビとメメ

全裸で川に飛び込むラマゾギ

　リキルはレーから西に60キロほどの場所にある村で、幹線道路からは北に約5キロ離れている。レーからはバスが運行しているが、本数は少なく、チャーター車かレンタバイクで訪れる旅行者が多い。リキルの少し手前にあるリンという村は、シャム・トレックの東端の基点でもあるため、宿や商店はそれなりにある。

　この村にあるゲルク派の僧院、リキル・ゴンパは、下ラダックからザンスカールに至る広大な地域に影響力を持っている。11世紀頃、ラチェン・ギャルポ王によって創建されたのが始まりと伝えられていて、15世紀頃、高僧ラワン・ロド・サンプによってゲルク派の僧院となり、拡張されていった。18世紀頃に火災で消失してしまったため、現在の建物は、後年に再建されたものだ。

　僧院内には、古いタンカ（仏画）などの文物を収めた展示室があるほか、屋外の境内には、1997年に完成した、高さ約20メートルのチャンバ（弥勒菩薩）像がある。リキル・ゴンパでは、交渉すれば宿坊での宿泊も可能。周辺にも宿や食堂はある。

　リキル・ゴンパには、百数十名の僧侶が所属していると言われている。座主はダライ・ラマ14世の実弟、ンガリ・リンポチェ（1969年に僧籍を離れ、還俗されている）。

リキル・ゴンパ

リキル・ドスモチェ（リキル・グストル） *Likir Dosmoche (Likir Gustor)*

　チベット暦の12月28、29日（太陽暦では2月頃）、レーのレー・ドスモチェや、ヌブラのデスキット・ゴンパのデスキット・ドスモチェなどと同じ日に行われる、チャム（仮面舞踊）を伴う祭礼。内容は、他のゲルク派の僧院で行われる祭礼とよく似ている。

　レーから西に約62キロ離れた幹線道路沿いにある大きな村、サスポル。レーよりは標高がやや低く、水源にも恵まれているため、麦やグリーンピース、アンズ、リンゴなどの作物が豊富に穫れることで知られている。レーからは、下ラダックを西に向かうバスを途中下車。バスを利用してレーから日帰りで訪れるのは厳しいので、チャーター車かレンタバイクで、近隣のバスゴやリキル、アルチなどとまとめて回ると効率がいい。村の中には、少ないながらも宿や商店がある。交渉すれば民家でのホームステイも可能だ。

　サスポルの村の北側に連なる崖には、大小いくつもの洞窟が存在する。村のやや西寄りの場所で幹線道路を離れ、北に入っていくと、洞窟のある場所まで登ることのできる道が見つかる。サスポルの村人たちからダクプクと呼ばれているこれらの洞窟群の詳しい由来は明らかになっていないが、そのうち数窟の内部には、数百年前に描かれたものと思われる壁画が今も残る。特に、入口に唯一扉が設置されている洞窟の内側は、釈迦や如来、菩薩、守護尊、祖師など、赤を基調とした精緻な壁画の数々でびっしりと埋め尽くされていて、まさに圧巻。壁画の保存状態も比較的良好だ。

　この洞窟の扉は、鍵がかかっていないことも多いが、閉鎖されている場合は、鍵を管理している麓の民家の住人に頼めば開けてもらえる。拝観の際は、うっかり触って壁画を剥落させたりしないように気をつけたい。

アンズの実を摘むサスポルの少女

ダクプクの壁画

　レーから西に約69キロの地点で幹線道路から離れ、インダス川に架かる橋を渡って3キロほど南下すると、アルチの村がある。レーからはバスも運行しているが本数は少なく、チャーター車やレンタバイクで近隣のスポットを含めて訪れるのが一般的。村には宿や食堂、土産物屋などもあるが、冬の間は大半が休業になる。

　アルチ・チョスコル・ゴンパは、ラダックだけでなく、チベット文化圏全域の中でも一、二を争うほどの貴重な仏教美術が残されている僧院だ。10世紀末から11世紀初頭の頃に、高僧ロツァワ・リンチェン・サンポによって創建されたと言われているが、実際には諸説あり、11世紀半ば頃に、ニャルマ・ゴンパで学んだカルデン・シェーラブがこの地にドゥカン（本堂）を建立したのが始まりとも伝えられている。いずれにせよ、ロツァワ・リンチェン・サンポがカシミールから連れ帰った仏師や絵師がもたらしたカシミール様式の仏教美術の技法が、この僧院に色濃く影響しているのは間違いないと思われる。同じ様式の仏教美術が残されている僧院は、ラダックではマンギュ・ゴンパとスムダ・チュン・ゴンパが挙げられる。

　僧院に至る参道の脇には、ロツァワ・リンチェン・サンポが残した杖が成長したものと伝えられている柳の大木がある。また、僧院の境内には、内側にロツァワ・リンチェン・サンポの壁画が残るチョルテン（仏塔）もある。

　村のバス発着所から少し東の平地に建つこの僧院で、とりわけ有名なのは、スムチェク（三層堂）と呼ばれるお堂だ。南に面した小さな入口から中に入ると、三方に仏龕が設けられていて、西面に白いチェンレジ（観音菩薩）、北面に赤いチャンバ（弥勒菩薩）、東面に黄色いジャムヤン（文殊菩薩）の立像が祀られている。3体の菩薩像は高さ5メートルほどで、それぞれ4本の腕を持ち、腰から下は下衣に覆われている。チェンレジの下衣にはカシミールの宮廷図、チャンバの下衣には仏伝図、ジャムヤンの下衣にはインドの

アルチ・チョスコル・ゴンパのスムチェク（三層堂）内部に残るユム・チェンモ（般若波羅蜜仏母）の壁画
撮影：井上隆雄　提供：京都市立芸術大学芸術資源研究センター

八十四成就者図が、それぞれ見事な細密画で描かれている。

　三層の吹き抜け構造になっているスムチェクの堂内は、上階まで千仏画や曼荼羅で隙間なく埋め尽くされている。青を基調とした鮮やかな色彩のこれらの壁画は、非常に繊細で、なまめかしさすら感じさせる筆致で描かれている。中でも、チェンレジが祀られている仏龕の内側に描かれたユム・チェンモ（般若波羅蜜仏母）は、この僧院を代表する壁画として知られている。

75

スムチェクの隣にあるドゥカン（本堂）では、正面の奥の仏龕に、本尊のナンパ・ナンツァ（毘盧舎那如来）像を中心に、如来や菩薩の像が周囲を取り巻く金剛界立体曼荼羅が納められていて、その装飾の華やかさには圧倒される。左右の壁には、直径数メートルもの大きさの曼荼羅が、緻密な筆致で描かれている。また、入口の扉の木枠に施された諸尊や仏伝の緻密な彫刻も、細かな部分だが見応えがある。ドゥカン右脇の小さなお堂には、スムチェクにあるものと似た高さ5メートルほどのチャンバ（弥勒菩薩）の立像が祀られている。

　他にも僧院内には、ラカン・ソマ、ロツァワ・ラカン、ジャムヤン・ラカンなどのお堂があるが、スムチェクとドゥカンの見事さに比べると、見劣りする感は否めない。

　アルチ・チョスコル・ゴンパは現在、リキル・ゴンパの分院となっていて、同僧院に所属する僧侶によって管理されている。それぞれのお堂の内部は現在、すべて撮影が禁止されている。見学の際は、受付で入場料を払った後、カメラやスマートフォンを含む荷物をロッカーに預ける必要がある。

▶ アルチのホテルとレストラン　　*Hotel & Restaurant in Alchi*

ホテル・ジムスカン・アルチ
Hotel Zimskhang Alchi

価格帯	$$$
住所	Alchi Choskor
TEL	97974-47177、94191-79715

アルチでは老舗のホテル。中庭はガーデンレストランになっていて、多くの旅行者が昼食などに利用している。冬季は休業。

アルチ・キッチン
Alchi Kitchen

価格帯	$$
住所	Monastery Rd, Alchi
TEL	99063-48635
URL	www.facebook.com/Alchi.Kitchen

村の車道の終点の駐車場の近くにある人気のレストラン。ラダック料理を基にアイデア豊かな料理の数々を提供している。冬季は休業。

▶ツァツァプリ P062 B-1

Tshatshapuri

アルチの村の車道の終点にある駐車場から西、川に架かる橋を渡った先の集落に、村人にツァツァプリ、またはトゥジェチェンポと呼ばれる小さな寺院がある。正式名称や創建の由来は不明。拝観の際は、鍵を管理する隣の民家の住人に開けてもらう必要がある。

3つあるお堂の内部には、赤を基調とした曼荼羅や千仏画が鮮やかに描かれている。以前はかなり傷んでいたが、チベット・ヘリテイジ・ファンドの修復により、良好な状態を取り戻している。

▶チリン P063 C-2

Chilling

インダス川とザンスカール川の合流地点で幹線道路から離れ、ザンスカール川沿いの車道を約30キロ南下した場所に、人口70人ほどの小さな村、チリンがある。レーからは週に1往復ほどバスが運行しているが、ほとんどの旅行者は、チャーター車かレンタバイクで訪れる。村の入口に商店と食堂が1軒ある。宿はないが、何軒かの民家が旅行者のホームステイを受け入れている。

チリンには、17世紀頃にネパールから来た仏師の末裔にあたる、精緻な金属細工を手がけるセルガルと呼ばれる鍛冶職人たちが、今も暮らしている。セルガルの技術を受け継ぐ者は、今や10人に満たない。日中に村を訪れると、作業場で甲高い音を立てながら金槌を振るうセルガルの巧みな仕事ぶりを見学させてもらえる。村には、セルガルに関する文物を収蔵したセルゾ・ミュージアムと呼ばれる博物館もある。村では、銅や真鍮で作られた水差しや食器、装身具など、セルガルの手による作品も購入することができる。

熟練の技を見せるセルガルの男性

▶ スムダ・チュン／スムダ・チュン・ゴンパ P062 B-2

Sumda Chung / Sumda Chung Gompa

　アルチから南に10キロほど離れた山中にある村、スムダ・チュン。レーからは、ザンスカール川沿いの車道を南下し、スムダ・ドという集落から枝分かれする道を北西に進む。路面の状態はあまりよくないので、チャーター車を利用するのが無難。アルチとの間を繋ぐトレイルもあるが、標高5000メートル級の峠越えがあるため、踏破するのはかなり大変。村の中に宿や商店はない。

　わずか数軒の民家しかないこの小さな村には、アルチ・チョスコル・ゴンパに匹敵するカシミール様式の仏教美術の至宝とされるドゥクパ・カギュ派の僧院、スムダ・チュン・ゴンパがある。一般には、10世紀末から11世紀初頭の頃に高僧ロツァワ・リンチェン・サンポによって創建されたと伝えられているが、実際の由来は定かではない。建物の構造や仏教美術の様式が、アルチ・チョスコル・ゴンパのドゥカン（本堂）に酷似しているので、11世紀半ば頃の創建である可能性も高い。

　ドゥカンの左右には小さなお堂があり、左にはチャンバ（弥勒菩薩）、右にはチェンレジ（観音菩薩）の高さ5メートルほどの立像が祀られている。ドゥカンの正面奥には、本尊のナンパ・ナンツァ（毘盧舎那如来）を中心にした金剛界立体曼荼羅がある。アルチ・チョスコル・ゴンパのドゥカンにあるものと似ているが、こちらの方がより複雑な構成で、その壮麗さには思わず息を呑む。堂内には精緻な壁画も残されていて、以前はかなり傷みが激しかったが、近年の修復作業により状態は改善されている。

▶ スムダ・チェンモ／スムダ・チェンモ・ゴンパ P062 B-2

Sumda Chenmo / Sumda Chenmo Gompa

　スムダ・チェンモは、スムダ・チュンから西に5時間ほど歩いた

山中にある村（ラダック語で「チュン」は「小さい」、「チェンモ」
は「大きい」という意味）。ドゥクパ・カギュ派の僧院、スムダ・チェ
ンモ・ゴンパがあるほか、ゴグポと呼ばれる寺院の廃墟に、高さ２
メートル半ほどの木彫のチャンパ（弥勒菩薩）像がある。

スムダ・チュン・ゴンパのナンパ・ナンツァ像

　レーから西に幹線道路を約70キロ進み、ウレ・トクポという集落から北へ5キロほど山奥へ入ったところに、リゾン・ゴンパがある。ウレ・トクポから僧院まで歩くのはかなり大変なので、チャーター車かレンタバイクで訪れるのが無難。周囲に集落はなく、宿も商店もないが、僧侶と交渉すれば僧坊に泊めてもらえて、食事も出してもらえる（お礼として相応の金額のお布施はすべき）。このリゾン・ゴンパは、写真家の藤原新也氏の著作『全東洋街道』に登場する僧院としても知られている。

　ゲルク派に属するこの僧院は、19世紀半ば頃、ツルティム・ニマによって創建された。座主は、ツルティム・ニマの転生者と、ツルティム・ニマの息子のトゥプテン・ニマ（リゾン・サース・リンポチェ）の転生者が、それぞれ代々務めている。先代のリゾン・サース・リンポチェ3世は、ゲルク派の首座であるガンデン・ティパを務めるなど、チベット仏教界でも屈指の名士として知られていたが、2022年に亡くなった。

　リゾン・ゴンパは、ラダックにある僧院の中でも特に戒律が厳しいことで知られていて、チャム（仮面舞踊）を伴う祭礼などの行事も行われない。現在は40名ほどの僧侶が在籍していて、世俗から隔絶された環境の中で、日々修行に励んでいる。僧院の麓には、多くの少年僧たちが学んでいる学校の校舎もある。

　リゾン・ゴンパから2キロほど南には、チュリチャンと呼ばれる尼僧院があり、20名ほどの尼僧が在籍している。女性の旅行者が僧院での宿泊を希望する場合は、リゾン・ゴンパではなく、チュリチャンに泊めてもらうことになる。

リゾン・ゴンパ

▶マンギュ／マンギュ・ゴンパ *Mangyu / Mangyu Gompa*

ウレ・トクポの付近からインダス川に架かる橋を渡り、南へ6キロほど進んだ山の中にある村、マンギュ。レーからのバスは週に1本程度しかなく、多くの旅行者はチャーター車やレンタバイクでこの村を訪れる。村には商店があるほか、ホームステイを受け入れている民家での宿泊も可能だ。

この村にあるゲルク派の僧院、マンギュ・ゴンパは、高僧ロツァワ・リンチェン・サンポによって創建されたと伝えられてはいるが、実際の由来は定かではない。アルチ・チョスコル・ゴンパやスムダ・チュン・ゴンパと共通するカシミール様式の仏教美術が残されていることから、それらと同じ時代の建立と考えられている。

平地に立つ建物には大小4つのお堂があり、左端の小堂にはチャンバ（弥勒菩薩）の立像、右端の小堂にはジャムヤン（文殊菩薩）の立像が祀られている。中央左のお堂にはチューチグザル（千手観音）像のほか、左右に見事な曼荼羅の壁画が描かれている。中央右のお堂の奥には、アルチ・チョスコル・ゴンパやスムダ・チュン・ゴンパのものとよく似た、ナンパ・ナンツァ（毘盧舎那如来）を中心とした金剛界立体曼荼羅が祀られている。繊細なタッチで描かれた壁画の数々も残されているが、傷みが激しい部分も多い。

この僧院では、鍵を管理する僧侶が不在の場合がある。より確実に拝観したい時は、ガイドやチャーター車などの手配とともに旅行会社に事前に相談する方がいい。

ラダックの人々の間では、アルチ・チョスコル・ゴンパ、スムダ・チュン・ゴンパ、マンギュ・ゴンパの3つの僧院を1日で巡礼すると、大きなご利益があると言われている。

マンギュ・ゴンパのナンパ・ナンツァ像

▶ ティンモスガン P062 B-1 *Tingmosgang*

　ティンモスガンは、レーから西に約85キロ離れたヌルラという村から、北に数キロ行ったところにある。レーからはバスが日に1本程度。シャム・トレックの基点になる村なので、宿や商店もある。

　ラダック王国が上ラダックと下ラダックに分かれて統治されていた15世紀頃、上ラダックの王都はレーに、下ラダックの王都はティンモスガンに置かれていた。今も村の東にそびえる岩山の上には、当時の城跡といくつかのお堂が残っている。ツクラカン・マルポという赤い壁のお堂には、高さ約10メートルのチャンバ（弥勒菩薩）像がある。隣のチェンレジ・ラカンというお堂には、ラダックでもっとも神聖な仏像の一つとされる大理石のチェンレジ（観音菩薩）像がある。このチェンレジ像は、かつてサカダワ（P206）の日にこの地に運ばれてきたと伝えられている。以来、毎年のサカダワの日には各地から大勢の人々が拝観に訪れ、山上の集会場では華やかなダンスや歌が披露される。

▶ ヘミス・シュクパチャン P062 B-1 *Hemis Shukpachan*

　ティンモスガンからリキル付近に至るシャム・トレックのルート上にある村。車道も通じていて、レーからはほぼ1日おきにバスが運行。村には宿や商店がある。村の名前の由来にもなった聖なる木、シュクパ（ヒノキの一種）の群生する林がある。

▶ カルツェ（カルシ） P062 A-1 *Khaltse (Khalsi)*

　レーから西に約95キロほどの場所にある宿場町、カルツェ。ここから北西のダー・ハヌー方面に行く場合、チェックポストでインナー・ライン・パーミット（ILP）の書類を提示する必要がある。

▶ラマユル／ラマユル・ゴンパ P062 A-1

Lamayuru / Lamayuru Gompa

　レーから幹線道路を西に125キロほど進むと、「月世界」とも形容される、異様な形をした黄褐色の岩肌の山々が現れる。その「月世界」の只中にある村、ラマユルには、レーから西方面に向かうバスを途中下車すれば行くことができるが、近隣のスポットを含め、チャーター車で訪れる旅行者が多い。村には宿や食堂、商店が何軒かあり、僧院内にも宿と食堂がある。

　この雄大な風景の中で、山上に屹立するラマユル・ゴンパは、ラダックの代名詞とも言える存在だ。ディクン・カギュ派に属する僧院で、約200名の僧侶が所属しているが、常駐しているのは数十名程度。座主はピャン・ゴンパと同じく、トクダン・リンポチェが務めていたが、2023年に亡くなった。

　太古の昔、この地にはルー（水の精霊）の住む湖があった。聖者マディヤンティカ（ニマグン）がルーに供物を捧げた後、湖岸を杖で叩いて決壊させると、現在のラマユルの地が出現した――という伝説が残されている。マディヤンティカが供物として捧げた麦粒が卍（ユンドゥン）の形を示したという言い伝えから、この地はユンドゥンと呼ばれるようになったという。

　11世紀頃には、カギュ派の開祖マルパの師ナーローパが、この地の石窟で瞑想修行を行ったとされている。同じ頃、高僧ロツァワ・リンチェン・サンポによって、この地に5つのお堂が建てられたとも伝えられている。16世紀頃には、ディクン・カギュ派の高僧ダンマ・クンガ・ダクパによって僧院が建設され、ラマユル・ゴンパの正式名称であるユンドゥン・タンパリンという名が与えられた。

　19世紀のドグラ軍の侵攻の際、ラマユル・ゴンパは徹底的に破壊され、僧院の歴史を記録していた古文書も失われてしまった。現在の僧院の建物は、その後に再建されたものだ。

　ラマユル・ゴンパのドゥカン（本堂）に入ると、右側の壁に、ナーローパが瞑想修行をしたとされる石窟に通じる小窓があり、中には

ナーローパ、その師ティローパ、そしてミラレパの像が祀られているのが窺える（ドゥカン内部は現在撮影禁止）。

ラマユル・ゴンパのドゥカンから、集落の方に斜面を少し降りると、センゲガンと呼ばれる小さなお堂がある。拝観の際は、ラマユル・ゴンパの僧侶に頼んで鍵を開けてもらう必要がある。このお堂は、11世紀頃に高僧ロツァワ・リンチェン・サンポによって建てられたお堂の一つと伝えられているが、実際の由来は定かではない。ドグラ軍の侵攻時にも破壊を免れたこのお堂の中には、力強い装飾で彩られたナンパ・ナンツァ（毘盧舎那如来）像を中心とする五如来の像がある。内部の右奥には小さなゴンカン（護法堂）があり、3体のゴンボ（大黒天）像などが祀られている。

センゲガンのナンパ・ナンツァ像

ユンドゥン・カブギャット

Yungdrung Kabgyad

チベット暦の4月27、28日（太陽暦では6月頃）、ラマユル・ゴンパで催されるチャム（仮面舞踊）を伴う祭礼。祭礼の内容や僧侶が身につける仮面など、同じディクン・カギュ派のピャン・ゴンパで行われるピャン・ツェドゥプと共通する部分が多い。開催時間が非常に長い点も似ている。祭礼の期間中は大勢の見物客が訪れるので、現地に宿泊する場合は宿を予約しておいた方がいい。

ユンドゥン・カブギャットに登場する仮面の僧侶

「月世界」に屹立するラマユル・ゴンパ

　カルツェとラマユルの間にある分岐から幹線道路を離れ、南に10キロほど行くと、ワンラの村がある。レーからのバスは現在運行していないようで、ラマユルなど近隣のスポットと併せて、チャーター車で訪れる旅行者が多い。ラマユルから標高約3725メートルのプリンキティ・ラという峠を経由し、ワンラまで3時間ほどで歩けるトレイルもある。

　ワンラの集落の中には宿やキャンプサイト、商店もあり、短期間の滞在にはさほど困らない。

　村を見渡せる岩山の上には、ワンラ・ゴンパが建っている。現在はディクン・カギュ派に属する僧院で、ラマユル・ゴンパの分院となっている。10世紀末から11世紀初め頃に、高僧ロツァワ・リンチェン・サンポによって創建されたと伝えられているが、実際の由来は定かではない。

　本堂は、アルチ・チョスコル・ゴンパのスムチェク（三層堂）に似た吹き抜け構造を持っていて、中には11の顔を持つ高さ5、6メートルのチューチグザル（千手観音）の立像が祀られている。この特徴的な意匠を持つチューチグザル像は、はるか遠く離れたザンスカールのカルシャにあるトゥジェチェンポ・ラカンに祀られているチューチグザル像と、非常によく似ている。堂内には、赤を基調とした千仏画などの見事な壁画が、びっしりと描かれている。

　僧院の隣には、19世紀のドグラ軍の侵攻の際に破壊されたという城跡が、廃墟となった姿を今も留めている。ラダックからザンスカール方面に向かう際などに、素通りしてしまうには惜しいほど、見応えのある場所だ。

ワンラ・ゴンパ本堂のチューチグザル像

▶ ハヌパタ _{P062 A-2} *Hanupata*

　ワンラから南下し、ファンジラという村を経て、谷間の道を西に進んだところにある小さな村、ハヌパタ。レーから定期運行しているバスはない。村の外れに、聖なる木とされているシュクパ（ヒノキの一種）が茂っている場所がある。かつては、ラマユルからザンスカール方面へのトレッキングの途中に、この村に滞在するトレッカーも多かった。

▶ フォトクサル _{P062 A-2} *Photoksar*

　ワンラから、ファンジラ、ハヌパタを経て、標高約4805メートルのシルシル・ラという峠を越えて進んだ場所に、フォトクサルの村がある。切り立った断崖の縁に沿って建ち並ぶ古い家々と、川を挟んで南北に広がる麦畑の風景が印象的な村だ。

　フォトクサルは、以前は徒歩でしか訪れることができなかったが、現在は車道が開通している。シルシル・ラ付近の道はかなりの悪路で、車がぬかるみにはまって動けなくなったり、タイヤがパンクしたりすることも珍しくない。冬の間は、積雪の状況によっては、フォトクサルを訪れるのは難しくなる。

　フォトクサルから先も車道の延伸は続けられていて、現在は、標高約5000メートルのセンゲ・ラを越え、ユルチュンやニェラク、リンシェなどの村々まで道が開通している。ニェラクから、あるいはリンシェの手前にあるネトゥケ・ラ（ムルグン・ラ）という峠を下った先から、ザンスカール川沿いの道に出て、ザンスカール方面に抜けることも可能になった。いずれも途中はかなりの悪路で、天候によっては通行不能になる場合もある。

フォトクサルの全景

87

⊙ ヌブラ

Nubra

ラ ダックの北部、ヌブラ川とシャヨク川の流域に連なる渓谷地
帯、ヌブラ。ラダックの中心地レーからは、標高5620メー
トル（実際にはもう少し低いとも言われている）の峠、カルドゥン・
ラを越えた先にある。ヌブラの平均標高はラダックとほぼ同じ3500
メートル程度だが、ヌブラ川とシャヨク川がもたらす豊かな水によ
り、一帯には緑豊かなオアシスの村々が点在する。かつては東西交
易の中継地点として知られていたが、現在は、パキスタンや中国と

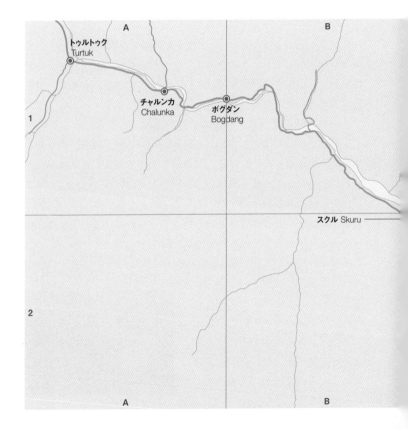

の未確定の国境に近いことから、インドにとって軍事的に重要な地域の一つとなっている。

　ヌブラへの外国人の入域が部分的に許可されるようになったのは1994年頃からだが、現在はヌブラの西部、パキスタンとの未確定の国境のすぐ近くにあるトゥルトゥク付近まで開放されている。外国人がヌブラを訪れる際は、事前にインナー・ライン・パーミット（ILP）を取得する必要がある。レーからのバスは運行本数が少なく、乗合タクシーも慣れていないと利用しづらい。ヌブラ内での交通手段も必要になるので、大半の旅行者は、チャーター車でヌブラを訪れる。冬の間は、カルドゥン・ラが積雪でしばしば通行不能になるので、計画の際は注意が必要だ。

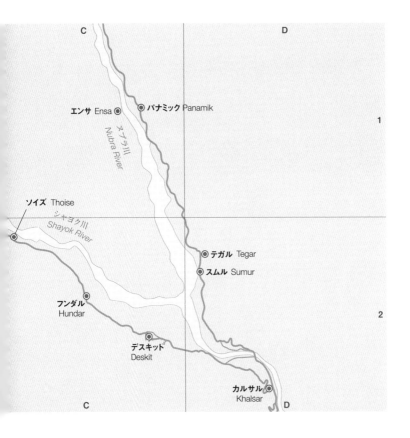

▶デスキット／デスキット・ゴンパ P089 C-2 *Deskit / Deskit Gompa*

　ヌブラの中心地として知られるデスキットは、シャヨク川沿いの開けた地形に広がる、人口約1700人の村だ。レーとヌブラの間を行き来するバスや乗合タクシーは、ほとんどがこのデスキットに到着する。チャーター車を利用した場合、レーからカルドゥン・ラを越えてデスキットに至るまでの所要時間は、路面の状態にもよるが、約5時間。ヌブラ内を行き来するバスも、主にデスキットを基点に運行している。東のスムルやパナミック方面へは日に2本、西のトゥルトゥク方面へは日に1本程度。

　村の一帯には、麦や野菜が栽培されている豊かな畑地が広がっている。村の周囲を一周する形で車道が巡らされていて、宿や商店、食堂などは、バザールと呼ばれる村の西側にある通りの付近に多く集まっている。デスキット・ゴンパに近い村の南東側にも、何軒かの宿が集まる一角がある。

　村の南外れの険しい岩山の上に建つデスキット・ゴンパは、15世紀頃、ゲルク派の開祖ツォンカパの弟子、チャンセム・シェラブ・サンポによって創建されたと伝えられている。現在は同じくゲルク派のティクセ・ゴンパの分院となっていて、100名ほどの僧侶が所属しているという。

　岩山の麓から僧院まではかなりの高低差があるが、車道が上まで通じているので、車やバイクでも訪れることができる。僧院内の主要なお堂は、ほとんどが最上部に集まっている。ゴンカン（護法堂）には、顔を布で覆われたゲルク派の守護尊ドルジェ・ジッチェ（大威徳明王）をはじめとする守護尊や護法神の像や、黒ずんだ古めかしいタンカ（仏画）などが所狭しとひしめいていて、厳かな雰囲気を醸し出している。日々の勤行に使われているドゥカン（本堂）は、ゴンカンに比べると新しい。

　また、僧坊が建ち並ぶ間を南に歩いていくと、100メートル近くも垂直に切れ落ちた断崖が覗き込める場所がある。かつては、その断崖の下から、僧院で使う水を人力で運び上げていたらしい。

デスキット・ゴンパから少し下方にある小高い丘の上には、全高が30メートル近くもあるチャンバ（弥勒菩薩）の座像がある。この巨大な像は2010年に完成したもので、開眼法要は、ダラムサラから招かれたダライ・ラマ14世によって執り行われた。チャンバ像の周囲は広場として整備されていて、デスキットとシャヨク川沿いの広大な風景を見渡すことができる。

デスキット・ゴンパのチャンバ像

デスキット・グストル／デスキット・ドスモチェ　*Deskit Gustor / Deskit Dosmoche*

　デスキット・ゴンパでは、チャム（仮面舞踊）を伴う祭礼が年に二度行われる。チベット暦の8月28、29日（太陽暦では10、11月頃）に催されるのは、デスキット・グストル。チベット暦の12月28、29日（太陽暦では2月頃）には、レーのレー・ドスモチェやリキル・ゴンパのリキル・ドスモチェと同じタイミングで、デスキット・ドスモチェという祭礼が催される。いずれも内容的には、他のゲルク派の僧院で行われるチャムを伴う祭礼と共通している。

▶デスキットのホテル　　　　　　　　　　　*Hotel in Deskit*

ホテル・サンドデューン
Hotel Sand Dune

価格帯	$$	住所	Near Main Bazaar, Deskit	TEL	22022、94691-76111

村の西側の商店街にほど近い、便利な立地にある宿。敷地内にあるレストランで食事もできる。冬季は休業。

▶ フンダル P089 C-2 *Hundar*

　デスキットから北西に8キロほど離れた場所にあるフンダルは、シャヨク川がもたらす水によって豊かな緑に恵まれている村で、ヌブラを訪れる旅行者の間でも人気の滞在地になっている。2010年頃まで、外国人がヌブラの西方面で訪れることが許可されていたのは、このフンダルまでだった。

　デスキットからフンダルまでは、トゥルトゥク方面行きのバスを途中下車すれば行けるが、本数は少ない。集落の中では、宿は潤沢だが、食堂や商店はそれほど多くはない。

　村の南西の車道沿いには、チャンバ（弥勒菩薩）像を祀ったお堂があるほか、車道を挟んで南にそびえる岩山には、砦の跡と2つの小さなお堂、多数のチョルテン（仏塔）群がある。

　フンダルをヌブラでも随一の観光スポットとして世に知らしめているのは、村の東にある広大な白砂の砂丘と、その砂丘で体験することができるキャメル・サファリだ。日中、村から東にまっすぐ伸びる道を砂丘へ進むと、車の駐車スペースとなっている空き地の先に、たくさんのフタコブラクダたちが待機している場所が見えてくる。そこで直接申し込めば、世話係が綱を引いて操るラクダの背中に乗せてもらって、白い砂丘でのキャメル・サファリを楽しむことができる。

　この砂丘で飼われているフタコブラクダたちは、ヌブラにルーツがある種類のラクダではなく、よそから連れてこられたラクダだと言われているが、彼らが隊列を組んで白い砂丘をゆったりと歩むさまは、東西交易の中継地点として知られていた往時のヌブラを想像させる。

フンダルの砂丘とフタコブラクダたち

　デスキットから北西に92キロほど進んだところにあるトゥルトゥクの村は、インドとパキスタンとの間の暫定国境線の手前、わずか10キロほどの場所に位置する。以前は外国人の入域は禁止されていたが、2010年頃から訪れることが可能になった。

　トゥルトゥクまでの道路の状態は比較的良好で、車ならデスキットから3、4時間ほどで着く。デスキットからのバスは日に1本程度。途中には、スクル、ボグダン、チャルンカなどの村がある。

　フンダルからトゥルトゥクにかけての一帯は、パキスタンの北東部にまでまたがるバルティスタンという地域に含まれる。住民はバルティと呼ばれるイスラーム教徒がほとんどで、トゥルトゥクではバルティ語とラダック語の両方を話せる人も多い。ラダック人に比べるとエキゾチックな風貌の人が多く、特に女性の凛とした顔立ちには驚かされる。

　トゥルトゥクの村は、滔々と流れる川を挟んで新旧2つの集落に分かれていて、川に架かる橋で結ばれている。東側の新しい集落には、数は多くないが宿や食堂がある。西側の山の手にある古い集落を奥に進んでいくと、大きな木彫りの鳥を戴いた門を持つ建物がある。この邸宅は、かつてバルティスタンを統治していたヤブゴ王朝の王族が使っていた王宮で、ヤブゴ・パレスと呼ばれている。

　現在もトゥルトゥクに住んでいる王族の末裔の一人、ヤブゴ・ムハンマド・カーン・カチョ氏によると、ヤブゴ王朝の成立は少なくとも7世紀以前に遡ると考えられていて、ヤブゴ・パレスは16世紀頃に建設されたと伝えられているという。現在、ヤブゴ・パレスは内部を整備され、博物館として公開されている。吹き抜けなどに精緻な木細工の装飾が残されている建物の中では、王朝にまつわる武具や装身具などが展示されている部屋のほか、かまどや石鍋、金属製の壺や食器が残されている台所や、涼しげな風の吹き込むバルコニーのある居室などを見学できる。英語でヤブゴ・パレスについて解説してくれる村の若者もいるので、出会えたら頼むといい。

豊かな緑に恵まれたトゥルトゥクの村

ヤブゴ・パレスの門

ヤブゴ王族の末裔、ヤブゴ・ムハンマド・カーン・カチョ氏

ヤブゴ王朝にまつわる品々の展示室

▶ スムル／テガル／サムタンリン・ゴンパ [P089 D-2]

Sumur / Tegar / Samstanling Gompa

ヌブラ川の東岸で隣接して広がる2つの村、スムルとテガル。どちらも水源に恵まれた緑豊かな村で、畑地も多い。デスキット方面からミニバスが日に2本ほど運行。街道に面した村の入口付近に食堂や商店があるほか、村の中には食事付きの宿も比較的多い。

スムルの集落の上手にあるサムタンリン・ゴンパは、ゲルク派に属する僧院で、リゾン・ゴンパの分院。19世紀頃、ヌブラに招かれたリゾン・ゴンパの座主ツルティム・ニマによって創建されたと伝えられている。2階のバルコニーに施された装飾が特徴的な僧院の建物はかなり大きく、ヌブラではデスキット・ゴンパに次ぐ規模。

50名ほどの僧侶が所属していると
言われるこの僧院は、本院のリゾン・
ゴンパと同様、ラダックでもとりわ
け僧侶たちに課せられる戒律が厳し
いことで知られている。チャム（仮
面舞踊）を伴う祭礼などの行事も、
ここでは行われない。

サムタンリン・ゴンパの堂内に祀られた仏像

▶ パナミック [P089 C-1]

Panamik

パナミックは、スムルとテガルから約20キロ北上したところにある村だ。デスキット方面からはミニバスが日に2本ほど運行しているが、大半の旅行者はチャーター車でこの村を訪れる。村には宿もあるが、数はあまり多くない。

集落の南外れの斜面には、温泉の湧出する場所があって、しっかりした構えの浴場も建てられている。浴場は個室ではないので、入浴時には水着が必要。温泉プールのようなしつらえの浴槽のお湯は非常に熱く、全身を浸すのは至難の業だ。

▶ エンサ・ゴンパ P089 C-1

Ensa Gompa

　パナミックから少し北上し、ヌブラ川に架かる橋を対岸に渡って、数キロ南下してから西の急斜面を上っていくと、斜面の中腹にエンサ・ゴンパがある。ゲルク派に属する僧院で、デスキット・ゴンパの分院。15世紀頃、デスキット・ゴンパを創建したチャンセム・シェラブ・サンポによって、ほぼ同じ時期に建てられたと伝えられている。常駐している僧侶は少なく、全員留守にしていることも多い。

　僧院のある高台から眺めるヌブラ川流域の風景は美しい。対岸のパナミックからも、エンサ・ゴンパの姿は目視できる。

エンサ・ゴンパ

▶ カルサル P089 D-2

Khalsar

　シャヨク川とヌブラ川の合流地点から少し南にある集落。2010年夏に起こった土石流災害で、カルサルは大きな被害を受けたが、現在は食堂や商店が営業を再開している。ヌブラを行き来する車の多くが、休憩のためにここで停まる。

▶ カルドゥン 折込A C-1

Khardung

　カルドゥン・ラの北側の谷間にある村。広い地域に民家が点在している。道路沿いに複数の食堂があり、峠を行き来する車の多くがここに停まって休憩を取る。村の標高はかなり高いので、宿泊などで長居する場合は高山病への対策が必要。

ラ　ダックの東部には、チベット本土のチャンタン高原まで連なる、標高4000メートルを超える高地が広がっている。そこには、パンゴン・ツォやツォ・モリリといった巨大な湖（「ツォ」は「湖」の意味）が横たわっていて、1世帯あたり数百頭もの家畜を飼う遊牧民たちが、今も悠々と暮らしている。その雄大な自然の魅力に惹かれ、夏になると、大勢の旅行者がこの地を訪れる。

　パンゴン・ツォの西半分を含む一帯と、ツォ・モリリなどを含むルプシュと呼ばれる一帯は、インドと中国との間の未確定の国境に近いため、以前は外国人の入域がかなり制限されていた。しかし2010年頃から、入域可能な地域の範囲は徐々に拡大され、2019年頃からは南東の端にあるハンレへの入域も許可された。これまで外国人では不可能だった、パンゴン・ツォとルプシュを周遊する旅も現在は可能になっている。

　外国人がこの地域を訪れる際は、事前にインナー・ライン・パーミット（ILP）を取得して、各地のチェックポストで提示する必要がある。レーからこれらの地域へのバスは、運行本数が非常に少なく、旅行者が利用するにはあまり現実的な選択肢ではない。旅行会社に、ILPとチャーター車の手配をまとめて依頼するのが一般的だ。レーの旅行会社では、これらの地域へのチャーター車をシェアする同行者を募集する貼り紙をよく見かける。

　標高3500メートルのレーで、ある程度の高地順応ができていても、標高4000メートルを超えるラダック東部に行くと、再び高山病を発症する場合がある。ラダックへの到着直後にいきなりパンゴン・ツォやツォ・モリリを目指すのは、絶対に避けるべきだ。少なくとも数日間は、順応期間を設けておきたい。

　また、夏以外の季節では、ラダック東部の道路は、積雪などの影響でしばしば通行不能になる。訪れる際は事前にレーで情報を集めて、慎重に検討する必要がある。

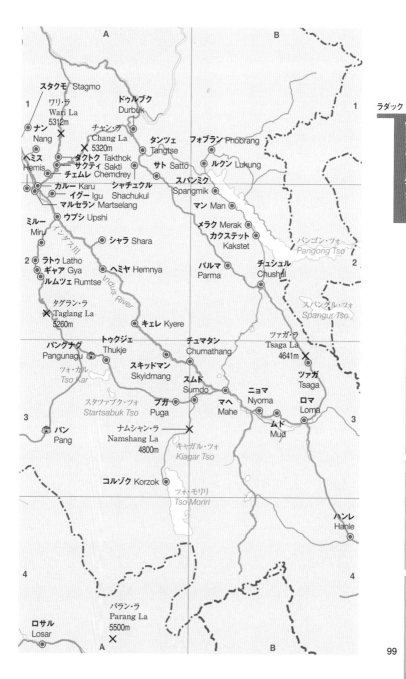

スタクモ Stagmo
ワリ・ラ
Wari La
5312m
ナン Nang
チャン・ラ
Chang La
5320m
ダクトク Takthok
サクティ Sakti
チェムレ Chemdrey
ヘミス Hemis
カルー Karu
イグー Igu
マルセラン Martselang
ミルー Miru
ウプシ Upshi
シャラ Shara
ラトゥ Latho
ギャア Gya
ルムツェ Rumtse
ヘミヤ Hemnya
タグラン・ラ
Taglang La
5260m
キェレ Kyere
パングナグ Pangunagu
トゥクジェ Thukje
スキッドマン Skyidmang
ツォ・カル Tso Kar
スタツァブク・ツォ Startsabuk Tso
ブガ Puga
スムド Sumdo
パン Pang
ナムシャン・ラ
Namshang La
4800m
キャガル・ツォ Kiagar Tso
コルゾク Korzok
ツォ・モリリ Tso Moriri
ロサル Losar
パラン・ラ
Parang La
5500m

ドゥルブク Durbuk
タンツェ Tangtse
フォブラン Phobrang
サト Satto
ルクン Lukung
スパンミク Spangmik
マン Man
メラク Merak
カクステット Kakstet
パルマ Parma
チュシュル Chushul
パンゴン・ツォ Pangong Tso
スパングル・ツォ Spangur Tso
チュマタン Chumathang
ツァガ・ラ
Tsaga La
4641m
ツァガ Tsaga
マヘ Mahe
ニョマ Nyoma
ロマ Loma
ムド Mud
ハンレ Hanle

シャチュクル Shachukul

Indus River

99

パンゴン・ツォの湖畔で
草を食む馬たち

　ラダック東部から暫定国境線を越えて、チベットにまで横たわる巨大な湖、パンゴン・ツォ。その名の由来は定かではないが、地元の住民によると、「パン」とは「草」、「ゴン」とは「塊」という意味で、太古の昔、この地には豊かな草原が広がっていたのではないかという話も伝わっている。今は、荒涼とした岩山に囲まれた中に、蒼空をそのまま閉じ込めたかのようなターコイズ・ブルーの静謐な湖水が広がっている。その美しさは、世界各国でヒットしたインド映画「3 Idiots」（邦題「きっと、うまくいく」）のラストシーンの舞台となったことで、一躍有名になった。

　標高約4200メートルの高地にあるパンゴン・ツォは、幅は広いところでも5キロ程度だが、長さは約130キロにも及ぶ非常に細長い湖で、西側の3、4割ほどがインド、東側の6、7割ほどが中国の実効支配地域に含まれている。パンゴン・ツォの付近には、インド軍と中国軍の部隊がそれぞれ多数駐留し、自国による支配権を主張している。この地域での発砲を伴う両軍の戦闘は最近は沈静化しているが、2020年には投石や殴り合いを伴う衝突が起き、双方に死傷者が出ている。中国側では、パンゴン・ツォ付近での道路の延伸や、湖に橋を架ける工事などが進められていると報道されている。

　レーからパンゴン・ツォを訪れる旅行者の多くは、チャーター車を利用する。サクティから標高5320メートル（実際の標高はそれよりやや低いという説もある）の峠、チャン・ラを越え、東へと進んでいって、最初に到着するのは、パンゴン・ツォの北西端にあたるビュースポットと呼ばれる場所だ。レーから日帰りで訪れる旅行者の大半は、ここで記念撮影などをしてから、レーに引き返す。

ビュースポットで記念撮影を楽しむ人々

「3 Idiots」をはじめとするインド映画やミュージックビデオなどの撮影がよく行われているのは、北西端のビュースポットから少し南東に進んだところにある、湖畔の砂丘だ。岸辺の白砂と碧色の湖水のコントラストは、たとえようもない美しさで、時を忘れて見入ってしまう。

　パンゴン・ツォの西岸には、北から、スパンミク、マン、メラク、カクステット、チュシュルといった村々が点在している。夏の間、湖の西岸沿いには、旅行者が宿泊できるキャンプリゾートが多数営業していて、旅行会社を通じて予約すれば宿泊できる。スパンミクやマン、メラクには、ホームステイを受け入れている民家もそれぞれ何軒かあるが、これらも旅行会社を通じて事前に予約をしておいた方が無難だ。

　パンゴン・ツォの西岸沿いの村々のどこかでホームステイをするなら、メラクがいいだろう。40軒ほどの民家と、ディクン・カギュ派の小さな僧院、メラク・ゴンパのあるこの村は、湖畔の緩やかな斜面に広がっていて、背後には雪を戴いた峰々がそびえている。ビュースポットと違って観光客も少なく、静かな環境でパンゴン・ツォの風景を堪能できる。村の北側には、頂上に小さなお堂の建っている丘があり、上まで登ると、メラクの村の全景と、はるかチベットにまで続くパンゴン・ツォの姿を一望することができる。

　メラクから南下してチュシュルの付近まで行くと、湖畔からは少し離れるので、湖の景観は見えづらくなる。チュシュルからさらに道を南下し、ツァガ・ラという峠を越え、ツァガという村を抜けていくと、インダス川沿いのロマへと至る。

メラクの村とパンゴン・ツォ

メラクで出会った老婆

▶ タンツェ／シャチュクル・ゴンパ

Tangtse / Shachukul Gompa

ラダックの中心地レーから、上ラダックのサクティを経由し、チャン・ラという峠を越えてパンゴン・ツォ方面へと進んでいく途中に、タンツェの村がある。周辺には、インド軍の大規模な駐留地が広がっていて、この一帯の戦略的重要性の高さを窺わせる。

タンツェにはチェックポストがあり、外国人旅行者はインナー・ライン・パーミット（ILP）の提示を求められる。チェックポストの近辺では食堂や商店が何軒か営業していて、多くの旅行者がここで休憩を取る。

タンツェから街道を離れて南西に数キロ進んだところには、シャチュクル・ゴンパがある。16世紀頃、ラダックに招かれたディクン・カギュ派の高僧ダンマ・クンガ・ダクパによって創建されたと伝えられていて、現在はピャン・ゴンパやラマユル・ゴンパとともに、ラダックにおけるディクン・カギュ派の中心的な役割を担う僧院となっている。

シャチュクル・ゴンパの建物自体は何度かの改築を経た、比較的新しいものだ。この僧院には、100名ほどの僧侶が所属していると言われている。座主はピャン・ゴンパやラマユル・ゴンパと同じく、トクダン・リンポチェが務めていたが、2023年に逝去した。

シャチュクル・ゴンパ

シャチュクル・グストル

Shachukul Gustor

チベット暦の5月17、18日（太陽暦では6、7月頃）にシャチュクル・ゴンパで開催される、チャム（仮面舞踊）を伴う祭礼。同じディクン・カギュ派のピャン・ツェドゥプやユンドゥン・カブギャットと内容的に共通する部分が多い。

▶ ギャア P099 A-2 *Gya*

　ラダックの中心地レーから、レー・マナリ・ハイウェイを南に74キロほど進んだところに、ギャアという古い村がある。このあたりの標高は、4000メートル前後に達する。レーからは、ルムツェ方面に向かうバスが日に1本程度運行している。

　この一帯は、ラダック王国が成立する以前から、小さな王国によって支配されていたと伝えられている。街道と川の西側には数十軒の集落があり、東側にそびえる岩山には、廃墟となった城跡と、ヘミス・ゴンパと同じ17世紀頃に建立されたドゥクパ・カギュ派の僧院、ギャア・ゴンパがある。

岩山に建つギャア・ゴンパと城跡

▶ ルムツェ P099 A-2 *Rumtse*

　ギャアから4キロほど南、レー・マナリ・ハイウェイ上にある、ルムツェの村。レーからは、バスが日に1本程度運行している。

　畑地が広がる中に、10数軒の民家が点在している。ツォ・カルを経由してツォ・モリリに至る1週間ほどの日程のトレッキングでは、比較的交通の便のいいこの村が、スタート地点としてよく利用されている。

ルムツェの村の風景

105

▶ ツォ・カル P099 A-3   *Tso Kar*

　ツォ・カルは、ラダックの中心地レーから南東に約150キロ離れた場所にある、巨大な塩湖だ。レー・マナリ・ハイウェイの途中から東に数キロ進むと、その姿が見えてくる。多くの旅行者は、ツォ・モリリまでの行き帰りの途中に、チャーター車でこの湖を訪れる。付近にチェックポストはないが、インナー・ライン・パーミット（ILP）は取得しておいた方がいい。

　この湖は、岸辺の至るところで白い塩の塊が荒々しく凝固していることから、ツォ（湖）・カル（白）という名で呼ばれている。湖畔の一角には希少な生態系を育む湿原があり、夏にはオグロヅルなどの野鳥も飛来する。地球温暖化の影響か、近年はツォ・カルの湖水の量は減少の一途を辿っていて、湖の面積も縮小し続けているという報告もある。

ツォ・カルと湖畔に広がる湿原

▶ トゥクジェ／トゥクジェ・ゴンパ P099 A-3   *Thukje / Thukje Gompa*

　ツォ・カルの北東には、トゥクジェという村がある。夏の間は、簡素なテント食堂が道路沿いで数軒営業している。村の背後の岩山には、トゥクジェ・ゴンパと呼ばれる小さな僧院が建っている。ドゥクパ・カギュ派に属するこのゴンパは、コルゾクにあるコルゾク・ゴンパの分院。鍵は主に地元の村人が管理している。

　岩壁に貼り付くような形で建てられている古いお堂の中に入ると、仏壇の間に、人一人がやっと通れる程度の岩の裂け目があり、真っ暗なその裂け目の奥には、一体の女尊の像が祀られている。この像の内側には、かつてこの地で発見された、仏の形をした聖なる
石が納められているという。

▶ ツォ・モリリ P099 A-3〜A-4 *Tso Moriri*

レーから南東に約210キロ、平均標高が4500メートルに達するルプシュ地方に横たわる巨大な湖、ツォ・モリリ。その大きさは南北約28キロ、東西約8キロに及ぶ。レーからのバスの本数は非常に少ないため、多くの旅行者はチャーター車でこの湖を訪れる。

地元の住民の話によると、ツォ・モリリという名は、ある女性（モ）が湖の岸辺でヤク（雄の毛長牛）に乗っていた時、ヤクが湖水の美しさに見とれて近づこうとするのを「どう、どう（リ、リ）」と諫めたことに由来しているという。

ツォ・モリリの湖畔にはみずみずしい湿原が広がっていて、夏にはオグロヅルをはじめとするさまざまな野鳥が飛来するなど、希少な生態系を形作っている。高地の湿原は非常に脆弱で、人の手で荒らされると原状回復が困難なため、WWF（世界自然保護基金）の指導下で厳格に保護されている。

▶ コルゾク／コルゾク・ゴンパ P099 A-3 *Korzok / Korzok Gompa*

コルゾクは、ツォ・モリリの北西の湖畔に位置する、この一帯で唯一の村。村の入口付近にチェックポストがあり、外国人はインナー・ライン・パーミット（ILP）の提示を求められる。村には宿や食堂のほか、キャンプリゾートやキャンプサイトもある。

村のやや南を湖へと流れる川沿いの道を西に進んでいくと、遊牧民たちの夏の居留地がある。夏の日暮れ時になると、周辺の山々で放牧されていた何百頭ものヤギなどの家畜が居留地に戻ってきて、石壁の囲いの中に自ら入っていくさまを見物することができる。

コルゾクには、ドゥクパ・カギュ派に属する僧院、コルゾク・ゴンパがある。19世紀半ば頃、高僧クンガ・ロド・ニンポによって創建されたと伝えられている。座主のコルゾク・リンポチェ（ランナ・リンポチェ）は、先代の9世が2018年夏に不慮の交通事故で亡くなった。

ツォ・モリリと湖畔に置かれたマニ石

ツォ・モリリの湖畔に広がる湿原

ディモ（雌のヤク）の乳を絞る遊牧民の女性

互い違いに結えられ、乳を絞られるのを待つヤギ

子ヤギを抱える遊牧民の少女

チベット暦の6月3、4日（太陽暦では7、8月頃）、コルゾク・ゴンパで催されるチャム（仮面舞踊）を伴う祭礼。1日目は予行演習のような内容で、僧侶たちが仮面と衣装をまとって舞を披露するのは、主に祭礼の2日目になる。どちらか1日選ぶなら、2日目に見学した方がいい。

▶ **プガ** | P099 A-3 | *Puga*

ツォ・カルとツォ・モリリの間を結ぶ道の途中に、プガという村がある。この一帯では硫黄の採掘が行われていて、温泉が湧いていることで知られている。時折、彼方で温水が地上高く噴出しているさまを見ることもできる。近隣には、チベット人が主に暮らしているスムドという集落もある。

▶ **チュマタン** | P099 B-3 | *Chumathang*

レーから南東に約138キロ、ウプシからインダス川沿いの道を進んでいく途中にある村、チュマタン。少ないながらも宿や食堂、商店があり、車やバイクでの移動中にここで休憩を取る旅行者も多い。プガと同じく、チュマタンも温泉が湧いていることで有名で、地面から湧出する熱いお湯に触れることのできる場所もある。

▶ **マヘ** | P099 B-3 | *Mahe*

レーから南東に162キロ離れた場所にある村、マヘには、インダス川に架かるマヘ橋のたもとにチェックポストが置かれている。この村にあるマヘ・ゴンパは、ラダックでは珍しいカルマ・カギュ派に属する僧院。

　レーから南東に約180キロ、インダス川のほとりにあるニョマの村は、一帯では比較的大きな村で、1000人ほどの人々が暮らしている。2010年頃まで、この村への外国人の立ち入りは許可されていなかった。レーからのバスは週に1、2本程度で、ほとんどの旅行者はチャーター車でこの村を訪れる。村の中にはホームステイに近い形式の簡素な宿が数軒あり、わずかながら商店や食堂もある。外国人旅行者の中には、ニョマに宿を取ってから、ハンレ方面まで日帰りで往復する人も多い。

　標高4200メートルに達する高地にある村だが、夏に訪れると、意外なほど緑豊かな畑地が広がっているのに驚かされる。村の北の岩山の上には、ニョマ・ゴンパがそびえている。ドゥクパ・カギュ派に属する僧院で、17世紀頃、ここから南にあるハンレ・ゴンパと同じ時期に創建されたと伝えられている。現在の僧院の建物は、新しく建て直された部分が多い。僧院のある岩山の上からは、ニョマの村の全景と、その先を流れるインダス川が見渡せる。

ニョマの村とインダス川

　ロマは、ニョマからムドという集落を経て、22キロほど東に進んだ場所にある。ここにはチェックポストがあり、外国人はインナー・ライン・パーミット（ILP）の提示を求められる。ロマからインダス川に架かる橋を渡って、50キロほど南に進んでいくと、ハンレがある。川を渡らずに北上し、ツァガを経由してツァガ・ラという峠を越えていくと、チュシュル、そしてパンゴン・ツォに至る。

▶ ハンレ／ハンレ・ゴンパ　P099 B-4 　　　*Hanle / Hanle Gompa*

　レーから南東に約254キロ、標高4500メートルの荒涼とした高地にある村、ハンレ。インドと中国の間の暫定国境線から数十キロしか離れていないこともあり、この一帯への旅行者の入域は、長い間許されていなかった。インド人の入域は2016年、外国人の入域は2019年になって、ようやく許可された。

　レーからのバスもなくはないが、旅行者が利用するには現実的ではなく、チャーター車での移動が基本になる。ホームステイを受け入れている民家も村にはあるが、そこまで数は多くないので、手前のニョマなどで宿を確保しておき、そこからハンレまで日帰りで往復するという方法もある。レーで旅行会社に相談して、インナー・ライン・パーミット（ILP）とチャーター車と現地付近での宿泊をまとめて手配してもらうと安心だろう。

　複数の集落から成るハンレには、300世帯ほどの人々が定住している。付近には100世帯ほどの遊牧民もいて、１世帯で数百頭も所有しているパシュミナヤギなどの家畜とともに、季節に応じて平原を移動しながら暮らしている。ちなみにハンレという地名は、「ハン？」（ああ？　何？）という、このあたりに住む人々独特の言葉遣いに由来するとも言われている。

　かつては村も何もなく、遊牧民が時折行き来するだけだったこの土地に、壮麗な白亜の僧院、ハンレ・ゴンパが創建されたのは、17世紀頃のことだ。当時全盛期を迎えていたラダック王国のセンゲ・ナムギャル王と王家の導師タクツァン・レーパは、この地の岩山の上に、王家が信奉するドゥクパ・カギュ派の僧院の建立を命じた。

　ハンレ・ゴンパが完成すると、平原を移動しながら暮らしていた遊牧民や、東西の交易路を行き来する商人など、多くの人々がこの地に立ち寄って、つかの間の休息を得るようになった。僧院の周囲に定住して、畑を耕して作物を育て、収穫の一部を僧院に納める人々も現れた。それが現在に至るハンレの村の始まりだと、地元の村人は語る。

センゲ・ナムギャル王は、外地への遠征からの帰路、このハンレで病を得て亡くなったと伝えられている。茶毘に付された王の遺灰は、ハンレ・ゴンパの麓に作られた、高さ数メートルのチョルテン（仏塔）の中に納められたとも伝えられている。そのチョルテンは今も残っていて、ハンレの村を見守るかのように、岩山の斜面に静かに佇んでいる。

　現在、ハンレ・ゴンパに所属している僧侶は数十名ほど。そのほとんどが、ハンレやニョマなど、地元の村々の出身の僧侶たちだという。近隣には、1980年代に建てられた尼僧院もある。

　僧院とともにハンレの名を世に知らしめているのは、インド国立天文台が建設した観測所だ。標高4500メートルの澄み切った大気の中で、口径約2メートルのヒマラヤン・チャンドラ反射望遠鏡や、ガンマ線望遠鏡などによる観測が行われている。天文台の完成後、ハンレの村人の間では、家の窓から灯りが漏れて観測の邪魔をしないように、夕方以降はカーテンを閉めるという新しい決まりごとができたという。特に新月の夜、ハンレの空に現れる無数の星々の瞬きは、言葉を失うほどに美しい。

ハンレ・ゴンパの上空に架かる天の川

ハンレ・グストル　　　　　　　　　　　　　　　　　　*Hanle Gustor*

　チベット暦の6月28日と29日（太陽暦では8月頃）、ハンレ・ゴンパで催されるチャム（仮面舞踊）を伴う祭礼。8種類のマハーカーラ（ゴンポ、大黒天）の仮面をつけた僧侶が登場して、舞を披露するという。

⊙ ダー・ハヌー、プリク、スル

ラ ダックの西部には、レーを中心とした地域とは、言語や宗教、文化などの面で異なる特徴を持つ地域がいくつかある。

カルツェから幹線道路を離れ、インダス川沿いの道を北西に進んでいくと、ダー・ハヌー（ドクユル）という地域に辿り着く。川沿いに点在する村々には、盛装の際に頭上に花を飾る風習を持つことから「花の民」と呼ばれる少数民族、ドクパ（ブロクパ）の人々が暮らしている。言語も文化もラダックとは大きく異なる地域だ。

一方、カルツェからラマユルを経て、フォトゥ・ラという峠を越え、幹線道路を西に進むと、プリクと呼ばれる地域に入る。この地域の住民はバルティ（プリクパ）と呼ばれる人々で、西に行けば行くほど、イスラーム教徒の割合が増える。中心地のカルギルでは、ほとんどの住民がイスラーム教徒。政治的にも、プリクはカルギル地区に属していて、レーを中心とするレー地区とは管轄が異なる。

カルギルから南に進むと、スルという広大な渓谷地帯がある。この地域の住民も、大半がイスラーム教徒。スルから南東に進み、ペンジ・ラという峠を越えると、その先はザンスカールとなる。

これらの地域のうち、ダー・ハヌー方面を訪れる際は、外国人は事前にインナー・ライン・パーミット（ILP）を取得して、カルツェのチェックポストなどで提示する必要がある。ダーよりさらに西のガルクンやバタリクなどに行く際は、レー地区ではなくカルギル地区のILPを取得しなければならないが、レーの旅行会社に前もって相談すれば、これらの地域のILPも取得可能だ。

レーからダー・ハヌー方面へは、バスが日に1本程度あり、ダー近辺で数日滞在するなら、交通手段としても利用できる。スクルブチャンなどに寄り道したい場合は、チャーター車の方が便利だ。レーとカルギルとの間では、数は多くないが、バスや乗合タクシーが行き来している。スルやその先のザンスカールへは、チャーター車の利用が中心になるだろう。

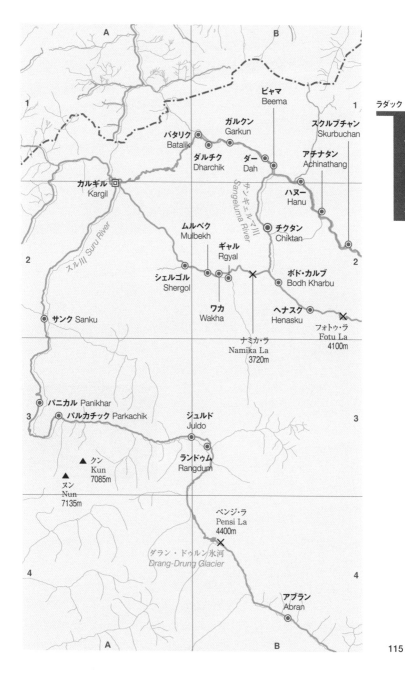

ビャマ
Beema

スクルブチャン
Skurbuchan

バタリク
Batalik

ガルクン
Garkun

ダルチク
Dharchik

ダー
Dah

アチナタン
Achinathang

カルギル
Kargil

ハヌー
Hanu

サンギェルマ川 Sangeluma River

ムルベク
Mulbekh

チクタン
Chiktan

スル川 Suru River

ギャル
Rgyal

シェルゴル
Shergol

ボド・カルブ
Bodh Kharbu

ワカ
Wakha

ヘナスク
Henasku

サンク Sanku

ナミカ・ラ
Namika La
3720m

フォトゥ・ラ
Fotu La
4100m

パニカル Panikhar

パルカチック Parkachik

ジュルド
Juldo

クン
Kun
7085m

ランドゥム
Rangdum

ヌン
Nun
7135m

ペンジ・ラ
Pensi La
4400m

ダラン・ドゥルン氷河
Drang-Drung Glacier

アブラン
Abran

▶ スクルブチャン／スクルブチャン・カル／スクルブチャン・ゴンパ P115 B-2

Skurbuchan / Skurbuchan Khar / Skurbuchan Gompa

　レーから約120キロ、カルツェから北西のダー・ハヌー方面に向かう途中にある村、スクルブチャン。麦や野菜、アンズなどの栽培が盛んな村で、この一帯ではもっとも大きく、2000人前後の人々が暮らしている。レーからの交通手段は、この村に直行するバスのほか、ダー方面行きのバスを途中下車する方法もある。チャーター車などでダーに行く途中に、ここに立ち寄る旅行者も多い。外国人は事前にインナー・ライン・パーミット（ILP）の取得が必要。村では、何軒かの民家がホームステイを受け入れている。村人も気さくな人が多い印象で、数日滞在するにはよい場所だ。

　村の西にそびえる岩尾根には、スクルブチャン・カルと呼ばれる城跡がある。その詳しい由来は不明だが、現在も、チューチグザル（千手観音）像などが祀られている内部を見学できる。

　スクルブチャン・カルの東、村の背後の岩山に貼り付くように建てられた僧院は、ディクン・カギュ派に属するスクルブチャン・ゴンパだ。こちらも創建の由来などは不明だが、僧坊群の最上部にある石窟のお堂では、かつてグル・リンポチェが瞑想修行を行ったという言い伝えも残っている。

スクルブチャン・ゴンパ

▶ アチナタン P115 B-2

Achinathang

　スクルブチャンとハヌーの間に位置するアチナタンの村は、非常に古い年代に彫られたと考えられている狩人やアイベックスの岩絵が、インダス川沿いの岩の表面に数多く残されていることで知られている。村には、それらの岩絵を見学させてもらえる場所がある。

▶ ハヌー [P115 B-2] *Hanu*

　ダー・ハヌー（ドクユル）地域の入口にあたる村、ハヌー。住民の多くはドクパ（ブロクパ）。道路沿いにある集落はハヌー・タンと呼ばれていて、小さなお堂もある。ここから川を遡って北に行くと、ハヌー・ヨグマ、ハヌー・ゴンマといった集落がある。

▶ ダー [P115 B-1] *Dah*

　レーから北西に約150キロ離れた場所にあるダーは、ダー・ハヌー（ドクユル）の中心となる村だ。インダス川沿いの高台に、30軒ほどの古い民家が建ち並んでいる。標高が3000メートルを下回るこの一帯では、畑地の面積の割に作物が豊富に穫れる。

　レーとダーとの間は、午前中に出発するバスが日に1本程度行き来している。外国人がこの村を訪れる際は、インナー・ライン・パーミット（ILP）の取得が必要。以前は村の近くにチェックポストがあり、ここより西への入域は、2010年頃まで禁じられていた。

　ダーには簡素な宿が数軒あるほか、手前のビャマという集落にも宿がある。食堂や商店はないが、食事は宿で出してもらえる。

　ダーで暮らしているのは、「花の民」と呼ばれる少数民族、ドクパ（ブロクパ）の人々。彼らは19世紀頃に伝来した仏教を信仰していて、村には小さなお堂やチョルテン（仏塔）もある。その一方で彼らは、古くから伝わる花の民の伝統的な風習も受け継いでいる。

　旅行者の急増の影響などで、ダーでは、写真を撮られるのを嫌う村人も多い。撮影の際は十分に配慮し、失礼のないようにしたい。

盛装した花の民の女性たち

117

　ダー・ハヌー（ドクユル）に住んでいる少数民族、ドクパ（ブロクパ）の現在の総人口は、3000〜4000人ほどしかいないと言われている。そのうち、ドクパ本来の伝統的な風習を今も受け継いでいるのは、ダー、ビャマ、ガルクンなどを中心とした地域の人々に限られる。

　伝説によると、今はパキスタンが支配するギルギット方面から、ガロ、メロ、ドゥロという名の三兄弟に率いられてこの地に移住してきた人々が、ドクパの祖先とされている。アーリア系の民族である彼らの顔立ちは彫りが深くエキゾチックで、ラダック人とはかなり異なって見える。彼らの話すドクパ語（ドクスカット）は、ラダック語ともバルティ語とも異なる言語で、文字が存在しないと言われている。

　ドクパの人々は、頭上に鮮やかな花々を飾る風習があることから「花の民」とも呼ばれている。フェルト製の土台にショクロ（ホオズキ）、コイン、リボン、毛糸などをちりばめ、その季節に咲いている色とりどりの花々をあしらう。花があまり咲いていない季節には、最近は生花の代わりに造花を飾る人も少なくない。盛装をしたドクパの男女の姿は非常に艶やかだが、彼らがそうした姿を見せるのは、祭りやお祝いごとなど、特別な行事の時だけ。普段は、ニットキャップなどにちょこんと花やショクロをつけている程度だ。

　ドクパの人々が今も受け継ぐ伝統的な風習の中で、もっとも有名なのは、ボノナー（チュポ・シュウブラ）と呼ばれる大収穫祭だ。収穫期が年に2回あるこの地域では、2度目の収穫が終わる10月頃、ダー、ガルクン、ガノクス（現在はパキスタン側）の3つの村が、1年ごとに持ち回りでボノナーを催してきた。ボノナーの日取りと期間は、直前にならなければ決まらない。

　ダーでボノナーが行われる時は、初日に神官がラー（神）を降臨させ、周辺の集落から集まってきた盛装の花の民たちが、村の広場の巨木を囲んで、歌や踊りを繰り広げる。歌と踊りの催しは、4、5日間（年によって異なる）にわたって毎晩行われる。

　ボノナーの最終日のクライマックスでは、人々はいったん花飾りを頭上から外して、先祖の死を悼む。神官がラーを解き放った後、人々は再び花を戴いて、賑やかに歌い踊る。

　ドクパの人々にとって、歌はとても大切な存在だ。彼らの中でブロンゴパと呼ばれる役職の人は、ボノナーの歌、結婚の歌、子供の誕生を祝う歌など、数えきれないほどの歌を記憶しているという。しかし近年は、それらの歌の伝承が困難になりつつあるため、歌を録音して、歌詞をアルファベットなどで文字起こしして記録するといった試みも現地で行われている。外界から近代的な物資や情報が流入し、故郷を離れる若者も増えていく中で、古来からの伝統をいかに絶やさずに受け継いでいくかが、ドクパの人々にとって大きな課題になっている。

盛装の花の民の女性

笛を吹き鳴らす花の民の男性

▶ ガルクン P115 B-1　　　　　　　　　　　　　　　　*Garkun*

　ガルクンは、2010年頃から外国人の入域が許可されるようになった村。ダーと同じく、ドクパ（ブロクパ）の人々が暮らしていて、大収穫祭ボノナーが3年に一度催されることで知られている。レーからは、バタリク方面行きのバスを途中下車。

▶ バタリク P115 B-1　　　　　　　　　　　　　　　　*Batalik*

　ダー・ハヌー（ドクユル）地域の西端にあるバタリクは、住民の大半がイスラーム教徒となった村だ。2010年頃から外国人の入域が許可されるようになった。レーからは、ダー方面行きのバスが週に1回程度、バタリクを終点にしている。

▶ チクタン P115 B-2　　　　　　　　　　　　　　　　*Chiktan*

　ダーの南、サンギェルマ川沿いにあるチクタンの村は、かつては小さな王国があった土地で、岩山の上には廃墟と化した城跡が今も残る。住民は1家族を除いて、ほとんどがイスラーム教徒。2010年頃から外国人が入域できるようになった。レーからは、バスが週に2本ほど運行している。

▶ ヘナスク P115 B-2　　　　　　　　　　　　　　　　*Henasku*

　レーから西に約140キロ、フォトゥ・ラを越えた先の幹線道路沿いにあるヘナスクの村は、かつてはラダック王国の王族の所領だった。集落のある谷の入口には、当時を偲ばせる王宮の跡が残る。村にはディクン・カギュ派の小さな僧院、ヘナスク・ゴンパがある。

▶ ボド・カルブ P115 B-2 *Bodh Kharbu*

　レーから西に約150キロ離れた幹線道路上にあるボド・カルブは、プリクではかなり規模の大きな村だ。創建年代不明の城跡が、岩山の上に残っている。道路沿いで目につく新しい寺院は、ダライ・ラマ14世の来訪に合わせて建てられたもの。他に、集落の北にあるムンディク・ゴンパ、南にあるカルブ・ゴンパなど、ディクン・カギュ派の僧院が点在している。住民の多くは仏教徒。

▶ ムルベク P115 B-2 *Mulbekh*

　レーから約175キロ、カルギルからは約36キロの場所にある村、ムルベク。レーとカルギルの間を行き来するバスを途中下車すれば行けるが、その後の移動を考えると、チャーター車やレンタバイクで寄り道する方が訪れやすい。村には簡素な宿と食堂がある。

　ムルベクは、高さ15メートルほどの巨大な岩に彫刻されたチャンバ（弥勒菩薩）の磨崖仏があることで知られている。カシミールの仏教美術の影響を強く感じる艶やかな彫刻で、7、8世紀頃の制作と推測する人もいるが、定かではない。磨崖仏の前にはドゥクパ・カギュ派の小さなお堂があり、僧侶によって管理されている。

　村の岩山には城跡のほか、小さな僧院やお堂がいくつか建っている。一方、この村にはイスラーム教徒の住民も多く、集落内にはモスクもある。

　ムルベクは、非常に霊力が強いラバ（シャーマン）が住んでいることでも知られている。毎年8月頃には、磨崖仏のある大岩をラバが素手でよじ登り、頂上にあるタルチョ（祈祷旗）を交換するという祭礼が行われるという。

ムルベクのチャンバ磨崖仏

121

▶ワカ／ギャル P115 B-2　　　　　　　　　　　　　　*Wakha / Rgyal*

　ワカはムルベクから数キロ東にある村で、食堂や商店も比較的多く集まっている。村には城跡やいくつかのお堂があるが、住民の多くはイスラーム教徒。ワカから幹線道路を離れて東に1キロほど分け入った場所には、ギャルという仏教徒の集落があり、集落の背後の崖に古い石窟寺院が残されている。

▶シェルゴル／シェルゴル・ゴンパ／ポカル・ゾン P115 A-2
Shergol / Shergol Gompa / Phokar Dzong

　シェルゴルは、カルギルから南東に30キロほど離れた場所にある村。住民の半数はイスラーム教徒で、プリクで仏教徒が暮らしている地域の西端にあたる。レーとカルギルの間を往来するバス、またはカルギルからワカ方面に向かうミニバスを途中下車すると行けるが、チャーター車やレンタバイクを利用する方が楽。

　この村にあるゲルク派の僧院、シェルゴル・ゴンパは、南東に面した垂直の断崖の中腹に、白壁の建物が浅く埋め込まれたかのような姿が印象的だ。実際に中に入ってみても、建物の厚みは非常に薄く、ほんの数メートルほどしかない。この僧院の鍵を管理する僧侶は、不在にしている場合が多い。

　シェルゴルからさらに南、谷間の険しい道（雪解け水の多い時期や雨の降った後は危険）を進んでいくと、ポカル・ゾン、またはウルギェン・ゾンと呼ばれる瞑想所に辿り着く。かつてグル・リンポチェが瞑想したと伝えられている石窟を中心に、いくつかのお堂のあるこの場所は、仏教徒にとって重要な聖地と崇められていて、今も巡礼に訪れる人々が絶えない。

シェルゴル・ゴンパ

▶ カルギル P115 A-2　　　　　　　　　*Kargil*

ラダック

ダー・ハヌー／プリク／スル

　レーから西に約215キロ離れた場所にあるカルギルは、ラダックで2番目に大きな街だ。レーとの間では、早朝に出発するバスが日に1、2本運行。プリクやスルの各地との間を結ぶミニバスも運行しているが、変更も多いので、現地で確認した方がいい。レーやザンスカールのパドゥムに向かう乗合タクシーは、探せば見つかる場合もあるが、あまりあてにはできない。現地の旅行会社などを通じてチャーター車を手配することは可能だ。

　カルギルはかつて、カシミールやバルティスタンとの間の交易の中継地として栄えていたが、第一次印パ戦争（1947〜49年）以降はたびたびパキスタン側から砲撃を受けるようになり、1999年のカルギル紛争の際には激戦地となった。現在、インドとパキスタンとの間の暫定国境線は、カルギルの北、わずか10キロほどの位置にある。約1万6000人の住民の大半は、イスラーム教徒。街の中には、イスラーム文化圏の雰囲気が色濃く漂っている。

　街を南北に貫くメイン・バザール沿いには、ジャマー・マスジット（モスク）や市場、商店、食堂、ホテルなどが集まっている。バススタンドとタクシースタンドは、以前は街の中心部にあったが、現在はやや南外れに移転している。カルギル地区でインナー・ライン・パーミット（ILP）を発給しているDCオフィスは、さらに南に2キロほど離れたバルーにある。

▶ カルギルのホテル　　　　　　　　　　　　*Hotel in Kargil*

ホテル・ディ・ゾジラ
Hotel D'Zojila

価格帯	$$$	住所	Baroo, Kargil	TEL	94191-76212

街の南外れにある老舗のホテル。部屋の調度や設備も整っていて、立派なレストランも併設されているので、安心して滞在できる。

　カルギルから南、スル川に沿って続く広大な渓谷地帯は、スルと呼ばれている。カルギルを経由してザンスカールとの間を行き来する際には、必ず通ることになる場所だ。途中には、北からサンク、パニカル、パルカチック、ジュルドといった村々が道路沿いに点在している。パニカルとジュルドにはそれぞれチェックポストがあり、外国人はパスポートの提示を求められる。

　サンクは比較的大きな村で、食堂や商店も多く、賑やかだ。村から東に５キロほど離れたカルチェカルという集落には、ムルベクの磨崖仏と同時代のものと思われる、チャンバ（弥勒菩薩）の磨崖仏が残されている。

　パニカルの付近からは、南にそびえるヌン・クン山塊が見えてくる。ヌンは標高7135メートル、クンは標高7085メートルという高峰だ。渓谷の南の突き当たりから東に回ると、パルカチックの村がある。巨大なパルカチック氷河の麓に位置するこの村は、ヌン・クン山塊の影響か、ラダックやザンスカールでもとりわけ平均気温の低い土地として知られている。道路沿いでパルカチック氷河にもっとも近い場所には、川に架かる橋のたもとに茶店があり、氷河を眺めながらチャイを飲んでくつろぐことができる。

　パルカチックから、ルンゴー氷河をはじめとする大小の氷河が川の対岸に連なるのを横目に、湿地帯を東に進んでいくと、ジュルドの村に到着する。ここには簡素な食堂が２、３軒あるほか、一部の民家では旅行者のホームステイも受け入れている。このあたりが、カルギルとパドゥムとの間を繋ぐ道路の中間地点となる。

ルンゴー氷河から流れ落ちる水流

▶ランドゥム・ゴンパ P115 B-3

Rangdum Gompa

ジュルドから南東に数キロ離れた小高い丘の上に、ゲルク派に属する僧院、ランドゥム・ゴンパがある。18世紀頃、高僧ロブザン・ゲレク・イェシェ・ダクパ（ンガリ・リンポチェ3世）によって創建されたと伝えられている。40名ほどの僧侶が所属していると言われるが、常駐している僧侶はわずか。境内にあるチョルテン（仏塔）の中には、創建者ロブザン・ゲレク・イェシェ・ダクパの遺骸が納められているという。

イスラーム教と仏教の文化圏の境界線上に位置するこの僧院では、2000年7月、3名の僧侶がイスラーム教徒の武装ゲリラに殺害されるという凄惨な事件が起こってしまった。現在、僧院の麓には監視ポストが設置されている。

ランドゥム・ゴンパの僧侶

▶ダラン・ドゥルン氷河 P115 B-4

Drang-Drung Glacier

ランドゥムから南東に進むと、ザンスカールの入口にあたる標高約4400メートルの峠、ペンジ・ラにさしかかる。峠を越えると南西にすぐ見えてくるのが、ダラン・ドゥルン氷河だ。山々の狭間に、巨大な氷河が見事なS字を描いて横たわっている。峠の南側に、道路上から至近距離でこの氷河を眺められる場所がある。

ダラン・ドゥルン氷河

125

ザンスカール

⊙ ザンスカール

ザンスカールは、ラダックからザンスカール山脈を隔てて南西に位置する地域だ。一帯の総人口は、1万5000人程度。パドゥムという街を中心に、各地に村々が点在している。行政区分としてはカルギル地区に属しているが、ザンスカール人の大半は仏教徒で、由緒ある僧院も数多くある。伝統文化の面でも、ラダックと共通する部分は多い。ザンスカールという地名は、「白い銅」あるいは「銅の城」という意味の現地語に由来するとも言われている。

周囲を険しい山々に囲まれているザンスカールへの道は、少し前まで、カルギルからスルを経由してパドゥムに至る車道のほかは、徒歩で峠を越えていくトレイルしかなかった。今は、南東にあるシンゴ・ラという峠を越え、カルギャク川とルンナク川に沿ってパドゥムに至る車道と、北のセンゲ・ラという峠を越え、ザンスカール川沿いを遡上してパドゥムに至る車道が開通している。とはいえ、どの車道も、冬に峠が雪で塞がると通行できなくなってしまう。

ラダックのレーからザンスカールのパドゥムまでは、夏の間、カルギル経由のバスが不定期に運行しているほか、センゲ・ラ経由の新道を行き来する乗合タクシーもある。ザンスカールまでのバスや乗合タクシーの利用を検討するなら、ザンスカール人経営の旅行会社に相談するといい。旅行期間が限られていて、予算に余裕があるならば、チャーター車を手配するのが確実。レンタバイクは、悪路が多く交通量の少ないこの地域では、よほど腕に自信がある人でないかぎり、あまりおすすめできない。ザンスカール内での交通手段は、かつて運行していたミニバスはほとんど姿を消し、乗合タクシーが主流になっている。台数が少なく観光には利用しづらいので、旅行会社などを通じてチャーター車を手配するのが無難だ。

宿や食堂、商店は、パドゥムにある程度集まっている。各地の村には、頼めばホームステイを受け入れてくれる民家はある。食堂や商店は非常に少ないので、水と携行食は用意しておく方がいい。

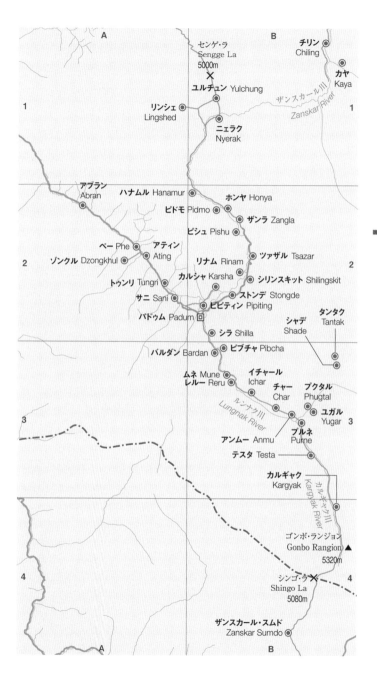

センゲ・ラ
Sengge La
5000m

チリン Chiling
カヤ Kaya

ユルチュン Yulchung
リンシェ Lingshed
ニェラク Nyerak
ザンスカール川 Zanskar River

アブラン Abran
ハナムル Hanamur
ホンヤ Honya
ピドモ Pidmo
ザンラ Zangla
ピシュ Pishu
ペー Phe
アティン Ating
ツァザル Tsazar
ゾンクル Dzongkhul
リナム Rinam
シリンスキット Shilingskit
トゥンリ Tungri
カルシャ Karsha
サニ Sani
ストンデ Stongde
ピピティン Pipiting
パドゥム Padum
タンタク Tantak
シラ Shilla
シャデ Shade
バルダン Bardan
ピプチャ Pibcha
ムネ Mune
イチャール Ichar
レルー Reru
チャー Char
プクタル Phugtal
ルンナク川 Lungnak River
ユガル Yugar
アンムー Anmu
プルネ Purne
テスタ Testa
カルギャク Kargyak
カルギャク川 Kargyak River
ゴンボ・ランジョン Gonbo Rangion ▲ 5320m
シンゴ・ラ Shingo La 5080m
ザンスカール・スムド Zanskar Sumdo

ザンスカール

　ザンスカール中心部の平野に位置する街、パドゥム。ザンスカー
ルでもっとも多くの人々が暮らしている場所だが、それでも人口は
2000人に満たない。カルギルからパドゥムまで車で移動する際の
距離は約230キロで、車種や路面状況にもよるが、10時間前後はか
かる。パドゥムからザンスカール各地への移動手段は、乗合タク
シーが見つかれば利用できるが、あまりあてにはできない。料金は
高いが、宿や旅行会社を通じて車をチャーターするのが確実だ。

　この地はかつて、ザンスカールを支配していた2つの王家の1
つ、パドゥム王家の所領だった。19世紀にジャンムーのドグラ軍が
侵攻した際、パドゥムの王宮は破壊され、パドゥム王家もその権力
を失ってしまった。仏教徒の住民が大半を占めるザンスカールの中
で、現在のパドゥムはイスラーム教徒の住民が比較的多く、街の中
にはモスクもある。

　パドゥムの街の規模はとても小さく、南北に走る一本の道の左右
に、商店や住宅がちらほらと並んでいる程度。近くに大きなマニ車
（P199）のある街の北寄りの交差点付近に、宿や商店、食堂などが
比較的多く集まっている。各地へ向かう乗合タクシーも、この交差
点のあたりで客待ちをしていることが多い。

　僻地ゆえ、パドゥムの食堂や商店の品揃えは、夏の観光シーズン
のさなかでも、けっして潤沢ではない。街には、シャッターを閉じ
たままの店も多い。電気の供給も不安定で、しばしば停電に見舞わ
れるため、電子機器の充電をする場合は注意が必要だ。

　街の南寄りに位置する丘の上には、ドゥクパ・カギュ派に属する
小さな僧院、パドゥム・ゴンパと、ドグラ軍に破壊された王宮の跡
が残されている。街の南西の高台には、17世紀頃に建立されたと伝
えられるドゥクパ・カギュ派の僧院、スタグリモ・ゴンパがある。
街の東の川沿いには、岩に彫刻されたギャワ・リンガ（金剛界五仏）
の磨崖仏がある。

▶ ピピティン／ピピティン・ゴンパ P129 B-2 *Pipiting / Pipiting Gompa*

　パドゥムの北東に隣接するのどかな村、ピピティン。パドゥムの中心部から、徒歩15〜20分ほどで訪れることができる。村の小高い丘の上には、大きな白いチョルテン（仏塔）の姿が印象的な僧院、ピピティン・ゴンパが建っている。ゲルク派に属するカルシャ・ゴンパの分院で、創建の由来は定かではない。

　高さ5、6メートルほどもあるこの僧院のチョルテンは、ザンス
カールの人々の間で「グル」と呼ばれていて、非常に神聖な存在として崇められている。同じように「グル」と呼ばれているチョルテンは、ザンスカール川沿いの村、チリンの少し南にあるグル・ドと呼ばれる場所にも存在する。

ピピティン・ゴンパ

▶ パドゥムのホテル　　　　　　　　　　　　　　*Hotels in Padum*

ホテル・ポタラ・ザンスカール 折込E
Hotel Potala Zanskar

価格帯	$$$
住所	Maneyringmo P.O. Padum
TEL	95968–83313
URL	www.hotelpotalazanskar.com

2022年に開業した、パドゥムでは随一の高級ホテル。セントラルヒーティングや自家発電設備を備え、レストランも併設。Wi-Fi も利用可能だが、Webに接続できない時も多い。

オマシラ・ホテル・ザンスカール 折込E
Omasila Hotel Zanskar

価格帯	$$$
住所	Pipiting Zanskar P.O. Padum
TEL	6006995573、6005318388
URL	omasilahotelzansukar@gmail.com

ピピティンにほど近い閑静な立地にあるホテル。各国のグループツアーでの利用が多く、オーナー一家やスタッフも親切。

▶ カルシャ／カルシャ・ゴンパ／トゥジェチェンポ・ラカン／ ドルジェ・ゾン P129 B-2

Karsha / Karsha Gompa / Thugsjechhenpoi Lhakhang / Dorje Dzong

　カルシャの村は、パドゥムから北に6キロほど離れた山裾にある。パドゥムから歩けなくはないが、それなりに遠い。村には商店のほか、ホームステイを受け入れている民家もある。

　村の背後の岩山の斜面にひしめく無数の僧坊は、ザンスカール最大の僧院、カルシャ・ゴンパだ。11世紀頃にパスパ・シェラブが、チャンバ（弥勒菩薩）の磨崖仏を本尊にしたチャンバリンというお堂を、岩山の麓に建てたのが発祥とされている。15世紀頃、ゲルク派の開祖ツォンカパの弟子チャンセム・シェラブ・サンポがこの地を訪れ、今の形の僧院を建立した。現在は100名ほどの僧侶が在籍していて、少年僧の姿も多く見かける。

　麓から岩山の斜面を登っていくと、15世紀頃に建てられたラブランというお堂があり、内部には見事な壁画の数々が残されている。僧院の最上部には、2つのドゥカン（本堂）がある。西側のドゥカンの奥にはゴンカン（護法堂）があり、古式蒼然とした仏像の数々が祀られている。東側のドゥカンの奥には、カルシャ・ゴンパの創建に関わったとされる高僧の一人、ロボン・ドデ・リンチェンの即身仏を納めたチョルテン（仏塔）がある。僧院の最上部からは、パドゥムやピピティン、ストンデなどを含む、ザンスカール中心部の平野の風景を一望できる。

　カルシャ・ゴンパの西、垂直に切れ落ちた崖を挟んで西側には、トゥジェチェンポ・ラカン、またはチューチグザルなどと呼ばれるお堂と僧坊群があり、尼僧たちの修行の場となっている。トゥジェチェンポ・ラカンは、10世紀末から11世紀初め頃、高僧ロツァワ・リンチェン・サンポによって創建されたと伝えられているが、実際の由来は定かではない。仏像などの様式から、13世紀頃に建立されたのでは、とも推測されている。

　本尊として祀られている高さ5、6メートルのチューチグザル（千

手観音）像は11の顔を持っており、ラダック西部のワンラ・ゴンパに祀られているチューチグザル像と酷似しているのが興味深い。

　カルシャの西には、ランミ、テツァ、ナンバパルなどの集落があり、カルシャ・ゴンパに属するお堂が点在している。それらの集落から北に登った場所には、ゲルク派に属する尼僧院、ドルジェ・ゾンがある。15世紀頃に高僧チャンセム・シェラブ・サンポによって創建されたと伝えられていて、20名前後の尼僧が在籍している。

カルシャ・グストル　　　　　　　　　　　　　　　　　*Karsha Gustor*

　チベット暦の5月28、29日（太陽暦では7月頃）、カルシャ・ゴンパで催される祭礼。僧侶たちによるチャム（仮面舞踊）などの主要な儀式は、祭礼の2日目の日中に行われる。チャムは僧院の最上部、2つのドゥカンの間にある広場で披露され、大勢の見物客で賑わう。

カルシャ・ゴンパ

トゥジェチェンポ・ラカンにあるチューチグザル像

カルシャ・グストルで舞を披露する僧侶

▶ サニ／サニ・ゴンパ　[P129 A-2] *Sani / Sani Gompa*

　パドゥムから北西に6キロほど離れた場所にあるサニは、周囲に池や湿地が多く、畑地にも恵まれている村だ。パドゥムからは車で20分ほどで、歩いて行けなくもない。

　この村にあるサニ・ゴンパは、ラダックとザンスカールの中でもとりわけ古い由緒を持つ僧院だ。現在はドゥクパ・カギュ派のバルダン・ゴンパの分院となっているこの僧院は、平地に建てられていて、ドゥカン（本堂）と中庭を囲むように回廊が巡らされている。中庭には、カニカ・チョルテンと呼ばれる古い仏塔がある。2〜3世紀頃にクシャーナ朝のカニシカ王が建立した仏塔と伝えられているが、より後年の建立という説も有力で、実際の由来は定かではない。8世紀頃には、グル・リンポチェがこの地で瞑想修行を行ったと伝えられていて、その滞在を記念して建てられたグル・ラカンと呼ばれるお堂が中庭の一隅に今も残されている。

　僧院から川を挟んで北には、グル・リンポチェが瞑想を行ったとされるゾン・バオと呼ばれる洞窟がある。11世紀頃には、カギュ派の開祖マルパの師ナーローパも、サニで瞑想修行を行ったという。

サニ・ゴンパ

サニ・ナロ・ナスジャル *Sani Naro Nasjal*

　チベット暦の6月14、15日（太陽暦では7、8月頃）、サニ・ゴンパで催されるチャム（仮面舞踊）を伴う祭礼。僧侶によるチャムの披露は、主に2日目に行われる。サニ・ゴンパではこの期間だけ、僧院の中庭にある小堂に祀られている高さ15センチほどの金色のナーローパ像が開帳されるため、大勢の人々が拝観に訪れる。

134

▶ ゾンクル・ゴンパ

P129 A-2

Dzongkhul Gompa

パドゥムから北西に20キロほど離れたアティンという村から、さらに西の山中に5キロほど分け入った場所にある僧院、ゾンクル・ゴンパ。アティンから徒歩で行くのは、地形の高低差もあってかなり大変なので、ほとんどの旅行者はチャーター車などでこの地を訪れる。

現在はドゥクパ・カギュ派のバルダン・ゴンパの分院となっているこの僧院は、11世紀頃、カギュ派の開祖マルパの師ナーローパが、この地の石窟で瞑想修行を行ったことから発祥したと伝えられている。以来、ゾンクル・ゴンパは、ザンスカールのドゥクパ・カギュ派の僧侶にとって、重要な瞑想修行の場であり続けてきた。

上から覆いかぶさるような形でそそり立つ断崖の懐に建てられている本堂は、ゾン・ヨグマと呼ばれていて、奥にはかつてナーローパが瞑想したとされる石窟のゴンカン（護法堂）がある。石窟の内部には、ナーローパや祖師たちの像が祀られている。

ゾン・ヨグマから少し離れた断崖のはるか上には、ゾン・ゴンマと呼ばれる小さな石窟のお堂があり、そこでもナーローパをはじめとする名だたる高僧たちが、かつて瞑想修行を行ったと伝えられている。ゾン・ゴンマの内部には、17世紀頃の著名な絵師でもあったゾンクル・ゴンパ出身の僧侶、シェーパ・ドルジェが描いた見事な金剛界曼荼羅の壁画が残されている。

ゾンクル・ゴンパ

この僧院では、チベット暦の4月16、17日（太陽暦では5、6月頃）、ゾンクル・フーチョと呼ばれる祭礼が催されるが、僧侶たちによるチャム（仮面舞踊）の披露などは行われない。

ゾン・ヨグマの石窟

　パドゥムから北東に約14キロ、ザンスカール川東岸にある村、ストンデ（ザンスカール語では「トンデ」という発音に近くなる）。広大な畑地の中に、30軒ほどの民家が点在している。パドゥムからは、ザンラ方面に向かう乗合タクシーを途中下車。村にはホームステイを受け入れている民家もある。

　村の東にそびえる岩山の上に建つストンデ・ゴンパは、ザンスカールではカルシャに次ぐ規模の僧院だ。カギュ派の開祖マルパによって11世紀頃に創建されたと伝えられているが、実際のところは定かではない。15世紀頃にゲルク派に改宗され、現在の形となった。在籍している僧侶は60名ほど。ゲシェー・ロサン・イクニェン（ゲン・ギャウ）僧院長は、かつて10年ほど日本に滞在していた経験があり、日本語も非常に堪能なことで知られている。

　岩山の麓からストンデ・ゴンパまで、歩いて登るのはかなり大変だが、北側から回り込む車道が上まで通じている。山上からは、畑と民家がモザイクのように敷き詰められたストンデの村や、カルシャやパドゥムまでの広大な風景を一望できる。

山上から見えるストンデの全景

ストンデ・グストル　　　　　　　　　　　　　*Stongde Gustor*

　チベット暦の５月18、19日（太陽暦では６、７月頃）にストンデ・ゴンパで催されるチャム（仮面舞踊）を伴う祭礼。チャムの披露は主に２日目に行われる。会場となる境内はかなり狭く、地元の人々が殺到するので、見学は少々大変。カルシャやストンデのグストルは、以前は冬に行われていたが、近年になって夏に移行した。

▶ ツァザル P129 B-2   *Tsazar*

パドゥムからストンデ、そしてシリンスキットという集落を経由し、23キロほど北東に進んだところに、ツァザルの村がある。ザンスカール川が大きく湾曲している部分の断崖の傍らに、古めかしい家々が建ち並んでいる。周辺も含めて2、30軒ほどの民家がある。

▶ ザンラ／ザンラ・チョモ・ゴンパ P129 B-2
Zangla / Zangla Chomo Gompa

パドゥムから北に32キロ離れたところにある村、ザンラ。1000人前後の人々が暮らす、この一帯ではかなり大きな村だ。パドゥムからは乗合タクシー、またはチャーター車を利用して訪れる。夏にラダック方面からザンスカールを目指すトレッキングや、あるいは厳寒期のチャダル・トレックの途中でザンラに滞在する人も多い。

この村は、かつてパドゥム王家とザンスカールを二分して支配していた、ザンラ王家の所領だった。王家の末裔は、今も村の中心にあるザンラ・カルと呼ばれる大きな屋敷で暮らしている。一族の中心的な役割を担っているのは、カルザン・チョタク・ナムギャル・デ氏。ザンラ・カルでは、旅行者のホームステイも受け入れている。

村の南外れ、無数のチョルテン（仏塔）が建ち並ぶ先にある岩山の上には、ザンラ王家の旧王宮が今も残る。19世紀、ハンガリー人のチベット研究者アレクサンダー・チョーマ・ド・ケーレスは、このザンラ旧王宮に長期滞在して、現地調査を行っていたという。また、村の北外れには、ザンラ・チョモ・ゴンパ（「チョモ」は「尼僧」の意味）と呼ばれるゲルク派の尼僧院がある。

ザンラ旧王宮

▶ピシュ／ピシュ・ゴンパ P129 B-2 *Pishu / Pishu Gompa*

　ピシュは、ザンラよりも少し南、ザンスカール川の西岸に位置する小さな村だ。集落の西にある、深紅の岩肌の峡谷が印象的。村外れに、ニンマ派に属する小さな尼僧院、ピシュ・ゴンパがある。

▶ピドモ P129 B-2 *Pidmo*

　ザンラから車道を少し北上し、ザンスカール川に架かる鉄橋を西岸に渡ったところに、ピドモの村がある。古い民家が密集した集落の周囲に、畑地や牧草地が広がっている。

▶ニェラク P129 B-1 *Nyerak*

　ザンスカールからラダックに流れるザンスカール川の中間付近にある村、ニェラク。厳寒期のチャダル・トレックに挑むグループの大半が、村の下手の川沿いにあるニェラク・プルと呼ばれる場所に立ち寄る。南からザンスカール川沿いに延伸されている道路は、このニェラク・プルまで開通している。

　ニェラク・プルから橋を渡って北上すると、ユルチュンという小さな村があり、さらに北上すると、標高約5000メートルの峠、センゲ・ラに出る。ラダックからセンゲ・ラとユルチュン、ニェラク・プルを経由し、ザンスカールまで車で行き来することも可能だ。

　ニェラクの村自体は、川沿いから徒歩で1時間ほどかけて登った先の高台に位置し、古めかしい家並と小さな僧院、聖木と崇められているシュクパ（ヒノキの一種）の木がある。

ニェラクで出会った母娘

リンシェの村は、東をセンゲ・ラ、西をハヌマ・ラという、標高5000メートル近い峠に挟まれた、険しい山の中にある。遠い昔、狩猟を生業とする人々がこの地で暮らしていたとも言い伝えられているが、今は7、80軒ほどの民家が、谷間の斜面を覆う麦畑や牧草地の合間に点在している。

以前、この村を訪れるには徒歩か馬、もしくはヘリコプターをチャーターするしか方法がなかったが、2019年頃、ラダックからセンゲ・ラを経由してリンシェにまで至る道路が開通し、車やバイクでも訪れることが可能になった。また、リンシェの手前のネトゥケ・ラ（ムルグン・ラ）という峠の付近から、南に急降下してザンスカール川沿いに出る道も開通し、ザンスカール側から車やバイクでリンシェを訪れることもできるようになった。

村には、旅行者のホームステイを受け入れている民家が何軒かあり、食事も頼めば用意してもらえる。キャンプサイトでの幕営も可能だ。

村の北東の斜面に無数の僧坊を連ねている僧院は、リンシェ・ゴンパだ。10〜11世紀頃に高僧ロツァワ・リンチェン・サンポがこの地に僧院を建立したのが発祥と言われているが、実際のところは定かではない。現在の僧院は、15世紀頃にゲルク派の開祖ツォンカパの弟子、チャンセム・シェラブ・サンポによって創建されたものだ。かつて、チャンセム・シェラブ・サンポがこの地を訪れた時、彼は山の中腹に光を放つ岩を見出し、その岩の場所にチョルテン（仏塔）を建立した。タシ・オドバル（吉祥の光）と呼ばれるそのチョルテンから、現在のリンシェ・ゴンパが形作られたという伝承が残っている。

リンシェの村

ザンスカール

▶ バルダン・ゴンパ *Bardan Gompa*

パドゥムから南東に10キロほど離れた場所にあるドゥクパ・カギュ派の僧院、バルダン・ゴンパ。湾曲するルンナク川の岸辺に屹立する巨大な岩塊の上に建つ姿は、まるで要塞のように見える。パドゥムからは、ルンナク谷方面に向かう乗合タクシーを途中下車すれば行けなくもないが、近隣を含めてチャーター車で回るのが無難。

かつては、近隣のタル・ラと呼ばれる山の上に僧院があった（現在は廃墟のみ）が、1羽のカラスがそこから火の灯ったバター灯明を運び去り、川沿いの巨大な岩塊の上に落としたことから、それを吉兆とみなして、その場所に新たに僧院が建てられたという伝説が残っている。現在のバルダン・ゴンパは、17世紀頃、ラダックのスタクナ・ゴンパから派遣された高僧デーヴァ・ギャツォによって創建された。50名ほどの僧侶が在籍している。座主はスタクナ・リンポチェで、ザンスカールではバルダン・リンポチェと呼ばれる。

この僧院の見どころは、ドゥカン（本堂）内部に残されている壁画だ。堂内の右側の壁にずらりと並ぶ曼荼羅の壁画は、至近距離で見ると、細部まで実に緻密に描き込まれているのがよくわかる。ザンスカールを代表する仏教美術の一つと言っていいだろう。

バルダン・ゴンパ

バルダン・ガツァ *Bardan Gatsa*

チベット暦の4月14、15日（太陽暦では5、6月頃）、バルダン・ゴンパで催されるチャム（仮面舞踊）を伴う祭礼。僧侶によるチャムの披露は2日目に行われる。また、チベット暦12月23〜28日（太陽暦では2月頃）のマハーカーラ・プージャーでは、ゴンカン（護法堂）のパルデン・ラモ（吉祥天）像が開帳されるという。

▶ムネ／ムネ・ゴンパ P129 B-3

Mune / Mune Gompa

　パドゥムからルンナク川沿いの道を南東に18キロほど進むと、ムネの村がある。集落は道路から川の方に下った場所にあり、道路沿いにはムネ・ゴンパが見える。ゲルク派に属する僧院で、15世紀頃、ツォンカパの弟子であるチャンセム・シェラブ・サンポによって創建されたと伝えられている。こぢんまりとした僧院の建物自体は、改築が施されている部分も多い。

　バルダンからムネにかけての一帯は、積雪量がザンスカールでも特に多く、頻発する雪崩で道路が埋没してしまうため、冬は訪れるのが困難な場合もある。

▶イチャール P129 B-3

Ichar

　ムネからレルーという村を経てさらに南東に進み、川に架かる橋を渡ると、高台に位置するイチャールの村の姿が見えてくる。ルンナク渓谷ではかなり大きな村で、断崖の端にへばりつくように建てられている特殊な構造の民家も見られる。村には、旅行者のホームステイを受け入れている民家もある。

　村の中でひときわ高い丘の上には、近年になって造られた鮮やかな彩色のチャンバ（弥勒菩薩）像があり、村の老人たちが日々参拝に訪れている。

　イチャールから南東には、アンムーやチャーといった村々が、ルンナク川に沿って点在している。カルギャク川とツァラプ川が合流してルンナク川となる地点の近くには、プルネという小さな村がある。これらの村々にも、旅行者のホームステイを受け入れている民家はあり、頼めば食事も出してもらえる。

イチャールの村

141

プクタル・ゴンパ

　ツァラプ川とカルギャク川が合流してルンナク川となる地点から、ツァラプ川沿いを北にしばらく歩いていくと、南東に面した断崖に、巨大な洞窟と、そこからこぼれ出るように建てられた白亜の僧坊群が現れる。プクタル・ゴンパ。ザンスカールの最深部に位置する僧院だ。

　この僧院を訪れるには、川の合流地点の付近にあるプルネという村か、川を挟んで西にあるチャーという村から、細いトレイルを辿って歩いていくしかなかった。現在、どちらの村からも未舗装の車道が延伸されていて、車道の終点まで車で行けば、徒歩の区間は片道1、2時間ほどで踏破できる。

　僧院の手前には、僧院が経営する簡素な宿とキャンプサイトがあり、ごく簡単な食事なら、宿の食堂で注文すれば作ってもらえる。宿の中には小さな売店もある。

　プクタル・ゴンパには古来からのさまざまな伝承があるが、現在の形の僧院は、15世紀頃にゲルク派の開祖ツォンカパの弟子、チャンセム・シェラブ・サンポによって創建されたと伝えられている。19世紀には、ハンガリー人のチベット研究者アレクサンダー・チョーマ・ド・ケーレスが、この僧院に1年ほど滞在しながら調査と研究に取り組んだ。現在は60名ほどの僧侶が在籍していて、麓に併設されている学校で学んでいる少年僧も多い。

　ドゥカン（本堂）やゴンカン（護法堂）など、重要な役割を担うお堂は、巨大な洞窟の入口付近に集中している。堂内の撮影は禁止されているが、素晴らしい仏像や壁画の数々が今も残されている。

　僧院の建つ断崖の上には、聖木と崇められている1本のシュクパ（ヒノキの一種）が立っていて、その木の真下にあたる洞窟の奥では、聖なる水が滴り落ちていると言われている（現在、その場所への立ち入りは禁じられている）。僧院を眼下に眺めながら断崖の縁を伝い歩くことのできるトレイルもあるが、気軽に散歩するには少々危なっかしい。

ザンスカール

プクタル・ゴンパからツァラプ川を挟んで東側には、ユガルという小さな集落があり、民家でのホームステイも可能。ユガルからは、断崖に建つプクタル・ゴンパの全景を眺めることができる。

プクタル・グストル

Phugtal Gustor

チベット暦の12月28、29日（太陽暦では2月頃）、プクタル・ゴンパで催される祭礼。他の多くの僧院の祭礼と違って、プクタル・グストルではチャム（仮面舞踊）は行われない。期間中、僧院内のゴンカン（護法堂）では特別な法要が行われる。

1日目の夕方には、近隣の村から連れてこられた動物たちに赤い染料を塗りつけて僧院の守り神のような存在にする、ソルチェという儀式が行われる。2日目の夕方には、高さ1メートルほどの赤い三角錐の形をしたトルマ（お供え物）を、祈祷の後に炎に投じる儀式が執り行われる。祭礼の2日間は、近隣の村々から大勢の人々がプクタル・ゴンパに集まり、祈りを捧げるとともに、互いの交流を深め合う。

▶ ゴンボ・ランジョン P129 B-4

Gonbo Rangion

ルンナク川とカルギャク川に沿って南東に進み、テスタ、カルギャクといった村々を過ぎると、空を衝くような鋭い三角錐の形をした、巨大な岩峰が現れる。ゴンボ・ランジョンと呼ばれるこの山は、ゴンボ（マハーカーラ、大黒天）の棲まう聖山として、古来からザンスカールの人々に篤く敬われてきた。標高は頂上で5300メートル以上に達し、山裾でも4500メートルを越える。

この地を訪れる方法は、以前は徒歩か馬しかなかったが、2019年頃、ゴンボ・ランジョンの麓を通過する未舗装の車道が開通した。パドゥムからの距離は約80キロ。夏の間、山の麓では簡素な茶店が数軒営業していて、少人数なら宿泊も可能だ。

聖山ゴンボ・ランジョン

Spiti

スピティ

⊙ スピティ

Spiti

ヒマーチャル・プラデーシュ州の北東部にあるスピティは、ラダックやザンスカールとともに、インド北部でチベット由来の伝統文化が今も残る土地として知られている。地理的にはラダックのルプシュと険しい山々を挟んで南に位置し、標高は3500メートルから4200メートル程度。気候もラダックとよく似ている。

スピティ（スピティ語では「ピティ」という発音に近い）という地名には、「狭間の地」という意味があるという。チベットやラダックなどの国々の狭間で、スピティはひっそりと、独自の伝統文化を育み続けてきた。スピティ川が流れる広大な渓谷に点在する村々は、昔と変わらぬ穏やかな佇まいを見せる。峻険な岩山に建つ僧院には、ラダックに匹敵する貴重な仏教美術が今も残されている。

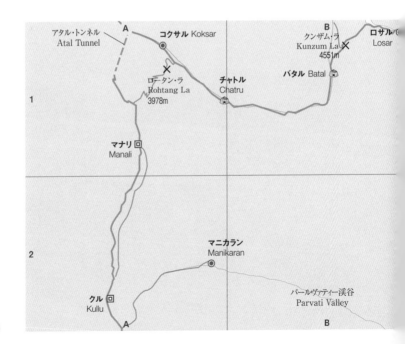

英国人作家ラドヤード・キプリングは、代表作『キム』に登場する舞台の一つにスピティを選んでいて、この土地のことを "A world within a world"（世界の中のもう一つの世界）と記している。

　スピティへと至る道は、西のキーロンやマナリの方面から標高約4551メートルのクンザム・ラという峠を越えていく道と、南のキナウルの方面から、中国との国境付近を通過してスピティの東部に至る道の2つがある。前者の道は、冬の間は峠の積雪で通行不能になる。後者の道は年間を通じて通行可能だが、国境に近いため、外国人はインナー・ライン・パーミット（ILP）の取得が必要だ。

　スピティ内での交通手段は、街道沿いを行き来するバスや、カザといくつかの村との間を日に1往復するバスのほか、数は少ないが乗合タクシーなどもある。宿や商店の大半は、中心地のカザと、やや東に位置するタボの2カ所に集まっている。

　この章ではスピティとともに、西のラホールやマナリ、南のキナウルなど、スピティに至る道の途上にある地域についても紹介する。

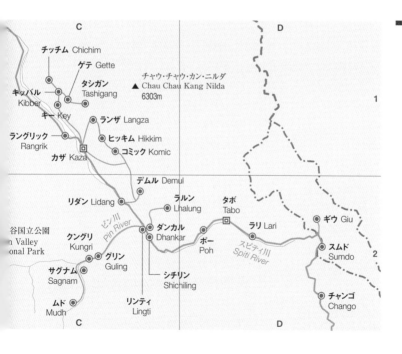

　カザは、現在のスピティの中心地となっている街だ。西のマナリからは約180キロ、南のレコン・ピオからは約210キロの道程を経た場所にある。街の標高は3500メートル程度。2000人ほどの人々が暮らしていて、スピティを訪れる旅行者の大半は、カザを拠点にして各地を巡る。

　街は、いつもはほとんど涸れている沢を挟んで、東側のオールド・カザと西側のニュー・カザに大きく分かれている。オールド・カザには銀行、商店、食堂などが密集するバザールのほか、バススタンドやタクシー組合の事務所などがある。オールド・カザはとてもこぢんまりとしていて、30分もあれば隅から隅まで歩けてしまえるほどだ。一方ニュー・カザには、学校や病院、郵便局、ADCオフィスなどがある。宿はどちらの区画にもそれなりにあるが、冬は大半が休業してしまう。

　ニュー・カザの北にある僧院は、コミックにあるサキャ派の僧院、タンギュット・ゴンパの分院。建物は、ダライ・ラマ14世のスピティ来訪に備えて2009年に建て直された、新しいものだ。

　カザとマナリとの間は、夏の間、早朝発の乗合タクシーや、小型のツーリストバスなどが運行している。それらの座席は、旅行会社やタクシー組合の事務所で予約できる。カザから東の方面には、早朝発のレコン・ピオ行きのバスや、昼頃に出るタボ行きのバスが運行している。それらのルート上以外の場所にあるスピティ各地の村々へは、乗合タクシーやバスが運行している場合もあるが、あまりあてにはならないので、カザで車をチャーターして複数のスポットをまとめて回る方が効率的だ。

　スピティから中国との国境付近を通ってキナウルのレコン・ピオ方面に向かう際は、ニュー・カザのADCオフィスで、事前にインナー・ライン・パーミット（ILP）を取得しなければならない。パスポートの個人情報欄とインドヴィザのコピー、証明写真2枚などが必要。窓口の混雑状況にもよるが、1時間程度で取得できる。

オールド・カザのバザール

カザのタンギュット・ゴンパ分院

▶カザのホテルと旅行会社　*Hotels & Travel Agency in Kaza*

ホテル・デイゾール
Hotel Deyzor 　折込D

価格帯	$$
住所	Near BSNL Office, New Kaza
TEL	95305-70649、85447-43754
URL	www.hoteldeyzor.com

2009年開業の人気の宿。太陽光発電設備と太陽熱温水器、Wi-Fiを備えており、インテリアもお洒落で、快適に過ごせる。1階のレストランでは、地元の食材を使った料理が楽しめる。冬季は休業。

ホテル・オールド・モンク
Hotel Old Monk 　折込D

価格帯	$$
住所	New Kaza
TEL	94183-27760、94185-56161
URL	hoteloldmonk@gmail.com

涸れ沢に面した場所にあるホテル。部屋は広くて清潔感がある。朝晩の食事も頼めば作ってもらえる。オーナー夫妻は英語が堪能で、車の手配などの相談にも乗ってくれる。冬季は要事前予約。

ホテル・サキャ・アボデ
Hotel Sakya Abode 　折込D

価格帯	$$
住所	New Kaza
TEL	95182-08987、94185-56213
URL	www.sakyaabode.com

タンギュット・ゴンパ分院の近くにある、カザでは定番のホテル。団体客の利用も多い。近隣のホテル・スノーライオンやホテル・サキャ・クンペーンも同経営で、料金もほぼ同じ。冬季は休業。

スピティ・バレー・ツアーズ
Spiti Valley Tours 　折込D

住所	Old Kaza
TEL	89888-10101
URL	spitivalleytours.com

スピティ人のララ・ツェリン氏が経営する旅行会社。ホームステイやトレッキングなど、スピティ内での各種手配に通じている。Webサイトのメールフォームから英文メールで気軽に相談できる。

　カザから北西に11キロほど離れた場所に、キーという村がある。カザからは、キッバル方面行きのバスか乗合タクシーを途中下車。村の中には宿や食堂もある。

　集落の上手には、ゲルク派に属する僧院、キー・ゴンパがある。岩山の上に僧坊群が円錐状に築かれたその姿は、まるで古代の城砦のようで、スピティを象徴する風景の一つとして知られている。この僧院の創建の由来は定かではないが、11世紀頃にこの近辺に建てられたカダム派の僧院が発祥であるとも伝えられている。17世紀頃には、キー・ゴンパはこの地でゲルク派の僧院として機能していたようだ。19世紀にジャンムーのドグラ軍がこの付近に侵攻した際、この僧院は甚大な被害を受け、その後も火災や地震などによって何度も破壊と再建をくりかえした。現在の僧院の建物の大半は、近年になって修復されたものだ。

　キー・ゴンパには200名ほどの僧侶が在籍していて、周辺では少年僧の姿も多く見かける。座主のロチェン・トゥルク・リンポチェは、10〜11世紀の高僧ロツァワ・リンチェン・サンポの転生者として認定されている方で、現在は還俗されていて、デリー在住。

　キー・ゴンパの麓には、僧院が運営する簡素な宿泊所と食堂があり、僧侶と交渉すれば利用させてもらえる。現在、僧院の堂内は、基本的に撮影禁止。僧院の南東の斜面に続くトレイルを少し登っていくと、渓谷を背景に屹立するキー・ゴンパの姿を一望できる場所がある。このトレイルをさらに登って、標高4000メートルを越える高台に出ると、車道がある。この道を南東に進むとゲテやタシガンといった集落があり、北西に進むとキッバルやチッチムに至る。

キー・ゴンパ

キー・グイトー *Key Guitor*

　チベット暦の5月29日（太陽暦では7月頃）、
キー・ゴンパで催されるチャム（仮面舞踊）を
伴う祭礼。ラダックのゲルク派の各僧院で催さ
れるグストルの祭礼と、内容はよく似ている。
キー・グイトーの当日は、ロチェン・トゥルク・
リンポチェもキー・ゴンパを訪れ、僧侶たちに
よる仮面舞踊を見守る。

キー・グイトーで舞を披露す
る僧侶

▶キッバル P149 C-1 *Kibber*

　キーから北へ続く車道を上っていくと、標高約4200メートルの
高地に位置する村、キッバルの姿が現れる。南に面した谷間に7、
80軒ほどの民家が連なるこの村には、宿も何軒かあり、食事もそこ
で食べられる。カザからはほぼ毎日、夕方頃にキーを経由してこの
村に至るバスがあり、翌朝にはカザに引き返す。キッバルを拠点に
して、ゲテ、タシガン、チッチムなどの周辺の村々を徒歩で回るこ
とも可能だ。

　キッバルの周辺は野生動物保護区に指定されていて、アイベック
スやブルーシープなどの草
食動物が数多く生息してい
る。絶滅危惧種に指定され
ているユキヒョウの目撃情
報も比較的多く、国内外の
ネイチャー・フォトグラ
ファーが撮影目的でこの村
を訪れる。

キッバルの村

153

▶ チッチム P149 C-1 *Chichim*

　チッチムの村は、キッバルから深い峡谷を挟んで北西に位置する。2つの村の間は、高低差100メートルはある断崖絶壁の谷に隔てられているため、かつては徒歩2時間はかかる北回りの迂回路を行くか、谷に架かっていた人力で動かす簡素なロープウェイを使うしか、行き来する方法がなかった。現在は峡谷を渡る橋が完成し、短時間で往来できるようになっている。

　チッチムには、ホースステイを受け入れている民家がある。スピティからパラン・ラを越えてツォ・モリリを目指すトレッキングでは、この村を出発点とする場合もある。

チッチムの村

▶ ランザ P149 C-1 *Langza*

　カザの真北、標高約4200メートルの高地にある村、ランザ。カザからは、つづら折りの山道を15キロほど進んだ場所にある。カザとの間の交通手段は乗合タクシーが主体で、夕方頃にカザを出発し、翌朝引き返す。ホームステイを受け入れている民家は比較的多く、食事もそこで出してもらえる。

　20軒ほどの民家が集まる村の北東には、標高約6303メートルの高峰、チャウ・チャウ・カン・ニルダがそびえていて、晴れた日には、白い万年雪に覆われた尖峰を眺めることができる。集落の背後の丘の上には、高さ5メートルほどのシャキャ・ムニ（釈迦牟尼）像と古いお堂がある。

ランザの村とチャウ・チャウ・カン・ニルダ

▶ヒッキム P149 C-1 *Hikkim*

　ヒッキムの村は、ランザから南に6キロほどの場所にある。一帯の標高は4300メートル程度。この村には「世界でもっとも標高の高い場所にある郵便局」だと標榜する郵便局がある。ハガキや手紙を持参すると、郵便局員が目の前で消印や記念スタンプを押してくれて、その場でポストに投函すれば宛先に送ってもらえる。

ヒッキムの「世界一高い場所にある郵便局」

▶コミック／タンギュット・ゴンパ P149 C-1 *Komic / Tangyud Gompa*

　カザの東、標高約4300メートルの高地にある、コミックの村。カザからの交通手段は、主に乗合タクシーやチャーター車になる。南に面した斜面に十数軒の民家と畑地があり、旅行者のホームステイも受け入れている。

　集落の北の高台には、サキャ派の僧院、タンギュット・ゴンパがある。13〜14世紀頃の創建とされているが、定かではない。かつては隣村のヒッキムにあった僧院だが、1970年代の地震による被害とそれに伴う水の供給の問題から、現在の場所に移転した。僧院の近くには、簡素な宿泊所と食堂もある。カザにある僧院は、このタンギュット・ゴンパの分院にあたる。

　チベット暦の8月29日（太陽暦では10、11月頃）、タンギュット・ジグゼットと呼ばれるチャム（仮面舞踊）を伴う祭礼が催される。

タンギュット・ゴンパで制作された砂曼荼羅

155

　デムルは、カザから南東に32キロほど離れた山中にある村だ。標高は約4200メートルに達し、東に開けたすり鉢状の斜面に、50軒ほどの民家が密集している。カザからはほぼ毎日、夕方頃にバスが運行していて、翌朝カザに引き返す。村では数軒の民家がホームステイをローテーション方式で受け入れていて、頼めば食事も出してもらえる。

　デムルとコミックの間に広がる高原地帯では、夏の間、ヤクや牛などの家畜が多数放牧されている。また、村の南東には、バラ・リまたはパラ・リと呼ばれる岩峰があり、その突端からは、スピティ各地にある18もの村々をぐるりと一望することができる。村に繋がる車道の脇からバラ・リの頂上まで歩くと、片道1時間程度。

デムル・ナムガン　　　　　　　　　　　　　　　*Demul Namgan*

　ナムガンと呼ばれる祭礼は、主にキナウルで「花の祭礼」として催される行事だが、スピティでは、各地の村々で形を変えて行われている。デムルのナムガンは特に有名で、8月中旬頃、村を挙げての牧草の刈り取り作業が終わった後に催される。

　ナムガンで中心的な役割を担うのは、デムルではチェタプと呼ばれる神を降臨させるルイヤ（シャーマン）の男性だ。日中、村人たちは大きな屋敷の一つに集い、神下ろしの祈祷を行うルイヤを囲んで、彼の言葉に神妙に耳を傾ける。村の家畜に祝福を授ける儀式が行われた後、村外れの路上では小規模な騎馬レースが行われる。

　夕刻、ルイヤと村の若者を中心にした一団は、バラ・リの頂上まで歩いていく。頂上では、崖の突端にあるタルボチェ（祈祷旗を巻きつけた柱）の周囲を、若者たちがこわごわとコルラ（右繞）して祈りを捧げる。伝統的な装束に身を包んだルイヤは、バラ・リで再び神下ろしの儀式を行い、鋭利な鉄串で自らの頬を貫き、呻くようにチェタプからの神託を人々に告げる。その後、人々は軽やかに歌い歩きながら村に戻り、夜更けまで歌と踊りの祝宴に興じる。

デムルの村

ナムガンの儀式に登場した子供のヤク

チェタプの神託を告げるルイヤ　　バラ・リの頂上で祈りを捧げる村人

ラルンの村

▶ラルン／ラルン・セルカン　P149 C-2　*Lhalung / Lhalung Serkhang*

　ラルンの村は、カザから南東に約27キロ離れた場所にある。リンティ川東岸の開けた土地に、モザイクのように見える段々畑が広がり、その上手に4、50軒の民家が軒を連ねている。その姿は、スピティでも随一の美しい風景として知られている。村の標高は3700メートル程度。畑地では大麦のほか、マタル（グリーンピース）が豊富に栽培されている。

　カザからはほぼ毎日、夕刻にラルンに向かうバスがあり、翌朝カザに引き返す。チャーター車を利用して、ダンカルなどとまとめて回る旅行者も多い。村では何軒かの民家が旅行者のホームステイを受け入れていて、食事も頼めば作ってもらえる。

　ラルンにはかつて、10〜11世紀頃に高僧ロツァワ・リンチェン・サンポが創建した僧院があったと言い伝えられていて、村の中にはその僧院の遺構らしきものも残っているが、実際のところは定かではない。

　村には今、セルカン（黄金の寺院）と村人に呼ばれるお堂が残っている。その堂内の壁面は、本尊のナンパ・ナンツァ（毘盧舎那如来）像を中心とした、躍動的な造形の塑像による立体曼荼羅で埋め尽くされている。それらは10〜11世紀頃に建立されたタボ・ゴンパの仏像とよく似た特徴を備えていて、その点では、かつてこのラルンに、より大きな規模の僧院が存在していたという説を裏付けている。

ラルン・セルカンの本尊のナンパ・ナンツァ像

　ラルン・セルカンを拝観する際は、お堂の鍵を管理している僧侶を探して、お布施を渡す必要がある。現在、堂内の撮影は基本的に禁止されているが、鍵番の僧侶と丁寧に交渉すれば、許可される場合もある。

スピティ

159

　カザから南東に33キロほど離れた場所に位置する、ダンカルの村。周囲を岩尾根にぐるりと取り囲まれた谷間に、畑地と集落が広がっている。村の標高は約3800メートル。バスを利用する場合、カザとタボの間を行き来するバスをシチリンという村の付近で途中下車し、山道を北に7キロほど歩いて登る必要がある。ラルンとダンカルの間も道があるが、それなりに距離がある。ほとんどの旅行者は、カザからチャーター車を利用して、ラルンなどとまとめて回っている。村では何軒かの民家がホームステイを受け入れていて、集落の南東のあたりには、簡素な宿や食堂もある。

　村の南東の斜面を登って、3、40分ほど歩いていくと、静謐な湖水を湛えた小さな湖がある。ダンカル・ツォと呼ばれるこの湖は、聖地として今も地元の人々に崇められている。

　村を取り囲むノコギリの刃のように鋭利な岩尾根の上には、ダンカル・ゴンパがそびえている。この僧院の創建の由来は定かではないが、10〜11世紀頃に遡ると考えられている。かつてはこの僧院が、スピティにおける政治的、宗教的な中心地で、領主の邸宅もここにあったという。現在はゲルク派に属していて、約100名の僧侶が在籍している。

　峻険な岩尾根に建てられた僧院の建物は、階層が入り組んだ複雑な構造で、中には古式蒼然とした壁画やタンカ（仏画）の数々が残されている（僧院内は基本的に撮影禁止）。この僧院は2006年にWMF（World Monuments Fund）の「世界でもっとも危機に瀕している100の遺産」の1つに選ばれたほど老朽化が著しかったため、現在も修復が続けられている。一度に大人数が中に入ると床が崩落する危険性もあるため、拝観時には配慮が必要だ。僧侶の普段の勤行などは、谷を挟んで南東にある新棟で行われている。

　チベット暦の9月29日（太陽暦では11月頃）には、ダンカル・グイトーというチャム（仮面舞踊）を伴う祭礼が催される。内容は、同じゲルク派のキー・ゴンパのキー・グイトーとよく似ているという。

ダンカル・ゴンパ

　タボはスピティで2番目に大きな街で、カザからは南東に48キロほど離れたところにある。標高は約3200メートル。カザとの間を行き来するバスは、朝と午後に1本程度。キナウルのレコン・ピオ方面からスピティを目指す旅行者の多くは、最初にこのタボに滞在する。宿や食堂、商店は、集落の脇を通る街道と僧院との間の付近に多く集まっている。

　この街にあるタボ・ゴンパは、ラダックのニャルマ・ゴンパ、西チベットのグゲのトリン・ゴンパとともに、高僧ロツァワ・リンチェン・サンポが建立した三大寺の1つとして知られている。僧院に残されている碑文には、994年に創建され、1042年に改修が施されたとある。当時のタボ・ゴンパでは、多くの学者たちによる経典の翻訳や研究が盛んに行われていて、インドとチベットの仏教界を繋ぐ重要な拠点として機能していた。現在はゲルク派に属していて、60名ほどの僧侶が在籍している。座主はツェンシャップ・セルコン・リンポチェ。

　タボ・ゴンパの敷地内に点在する建物は、どれも黄褐色の分厚い土壁に覆われた外観を持つ。この特異な構造が、内部の壁画や仏像の保存に適していたと考えられている。11世紀当時の仏教美術の数々がもっともよく保存されているのは、僧院の中心となるツクラカン（集会堂）だ。堂内には、手でそれぞれ異なる印を結ぶ32体の菩薩像が、壁沿いに宙に浮くような形で祀られている。右側の壁には仏伝、左側の壁には仏教説話「ノルサンの巡礼」の壁画がそれぞれ描かれている。堂内の中央には、四面四体のナンパ・ナンツァ（毘盧舎那如来）像が鎮座し、その奥の暗がりには、オパメ（阿弥陀如来）の立像が祀られている。ツクラカン内部のこうした構造自体が、一種の立体曼荼羅になっているとも言われている。

　このような貴重な仏教美術が残されていることから、タボ・ゴンパは「ヒマラヤのアジャンタ」（アジャンタはインド・マハーラーシュトラ州に残る古代の仏教石窟寺院）とも称されている。

タボ・ゴンパのツクラカン内部　　　　　　　　　　　写真撮影・提供：竹沢うるま

　タボ・ゴンパの敷地内にあるその他のお堂に残る壁画は、後世に新しく描いて修復されたものが多い。現在、堂内の撮影は、特別な許可を得た場合を除いて、基本的に禁止されている。敷地の南側には、真新しいチョルテン（仏塔）と、僧院の新棟があり、僧侶たちの普段の生活と修行の場となっている。

スピティ

タボ・チャカル／タボ・グイトー　　　　　　　*Tabo Chakhar / Tabo Guitor*

　タボ・チャカルは、3年に一度、秋頃にタボ・ゴンパで催されていた大祭で、僧侶たちによるチャム（仮面舞踊）などが披露される。他にもこの僧院では、タボ・グイトーと呼ばれるチャム（仮面舞踊）を伴う祭礼も毎年夏頃に行われていた。どちらの祭礼も、近年は僧院側の事情により、開催時期が不定期になっているという。

　タボ・ゴンパでは、毎年6月中旬頃、僧侶たちがツクラカンに祀られている諸尊と同じ配置で同じ印を結んで座り、3日間にわたって特別な祈祷を行うことも知られている。

カザの南東、リンティという村の付近でスピティ川に架かる橋を渡り、ピン川沿いの道を南西に進むと、ピン谷と呼ばれる地域に入る。この渓谷の奥地は国立公園に指定されていて、高地特有の希少な植物や、アイベックスやブルーシープ、ユキヒョウなどの生息地が含まれている。

ピン谷には、東から順に、グリン、クングリ、サグナム、ムドといった村々が川沿いに点在していて、車道も通じている。カザからムドまでは、ほぼ毎日、夕方頃に出発するバスがあり、翌朝カザに引き返す。チャーター車を利用すれば、カザから日帰りで各地を回ることも十分可能だ。

クングリにはニンマ派に属する僧院、クングリ・ゴンパがある。大半の建物は最近建て直された新しいものだが、その外れにあり、現在は主に村人が管理しているツクラカンと呼ばれるお堂には、傷みは激しいが、非常に古い壁画や仏像の数々が残されている。

チベット暦の9月29日（太陽暦では11月頃）には、クングリ・グイトーというチャム（仮面舞踊）を伴う祭礼が催される。また、毎年6、7月頃にはクングリ・フェスティバルと呼ばれる催しもあり、近隣の村々から集まった人々による伝統的な踊りと歌が披露され、僧侶によるチャムの儀式も行われる。

ピン谷の車道のほぼ終点に位置しているのは、ムドの村だ。パールヴァティー渓谷のトレッキングの基点にもなっているこの村には、宿や食堂もそれなりにある。村外れには、僧侶たちが修行に用いている洞窟の瞑想所が今も残っている。村の畑地越しに見渡せるピン谷の風景は、格別に美しい。

ムドの村からのピン谷の風景

▶チャンドラ・タール 折込A C-4

Chandra Taal

　スピティの西にそびえる標高約4551メートルの峠、クンザム・ラの西側から15キロほど北上すると、チャンドラ・タールと呼ばれる湖が現れる。標高は約4300メートル。険しい山々の間にひっそりと横たわるこの湖の姿は、三日月のように緩やかな弧を描いていて、ヒンディー語で「月の湖」という意味の名にふさわしい。地元の人々の間では、仏教の女尊パルデン・ラモ（吉祥天）の名を冠して、パルデン・ラモ・ツォとも呼ばれている。

　聖なる湖として崇められているこの湖では、水浴びや湖畔でのキャンプをすることは、現在禁じられている。クンザム・ラが通行可能な夏の間は、湖の数キロ手前で複数のキャンプリゾートが営業していて、宿泊と食事が可能。車道の終点から湖畔までは徒歩15分程度。カザかマナリから車をチャーターして訪れるのが一般的だ。

チャンドラ・タールの全景

▶ギウ P149 D-2

Giu

　スピティの東、スムドという村の少し西から街道を離れ、10キロほど北上した山の中に、ギウの村がある。旅行者の多くは、タボなどから車をチャーターして訪れる。小さな村で、宿や商店はない。

　ギウは、5、600年前の高僧の即身仏と推測されているミイラが、村にあった崩れたチョルテン（仏塔）の中から発見されたことで有名になった。即身仏の保存状態は比較的良好で、膝を抱えて座った姿勢のまま、穏やかな表情を浮かべているようにも見える。この高僧の即身仏は現在、村の高台に新たに建てられた寺院に安置されている。

165

▶ ナコ／ナコ・ゴンパ 折込A
D-5　　　　　　　*Nako / Nako Gompa*

　スピティのスムドから南に約36キロの位置にあるナコは、行政区
分としてはキナウル地区に属する村だ。標高は約3500メートルで、
ナコ湖のほとりに形作られた集落の佇まいが美しい。この村には、
カザとレコン・ピオの間を行き来するバスを途中下車すれば行ける
が、外国人は事前にインナー・ライン・パーミット（ILP）の取得
が必要だ。村には宿や食堂、商店がある。

　ナコには、10〜11世紀頃に高僧ロツァワ・リンチェン・サンポ
が創建に関わったと伝えられている僧院、ナコ・ゴンパがあり、堂
内にはタボ・ゴンパやラルン・セルカンのものと似た様式の仏像が
祀られている。地震や豪雪の影響で、この僧院は一時、崩壊の危機
に瀕していたが、その後は修復が進められている。

　他にもこの地域では、ナコの北にチャンゴという村があり、ナコから
南西のレコン・ピオ方面に
進んでいくと、途中にプー、
カナムといった村がある。
いずれの村にも、ナコ・ゴ
ンパと同様、高僧ロツァワ・
リンチェン・サンポが創建
に関わったという伝承を持
つ寺院が残っている。

ナコの村と湖

▶ レコン・ピオ P025　　　　　　　*Reckong Peo*

　キナウルの中心地であるレコン・ピオの街は、キナウルから国境
付近を抜けてスピティを目指す旅行者にとって、重要な中継地点の
一つだ。街の標高は2300メートル程度。街からサトレジ川を挟ん
で南側には、標高約6050メートルの聖山キナウル・カイラスと、
それに連なる峰々が間近に見える。

街の中心部には商店や食堂が数多く集まっていて、滞在には困らない。住民の大半はキナウル人で、多くの人々は、鮮やかな緑色の側面に赤い縁取りのある筒形の帽子を身につけている。仏教徒のほかにヒンドゥー教徒も多く、両方の宗教文化が入り混じっている。

　スピティのカザとレコン・ピオの間は、ともに早朝発のバスが運行していて、道路状況が良好なら、所要時間は10時間程度。ヒマーチャル・プラデーシュ州の州都シムラーとレコン・ピオの間も、頻繁にバスが運行している。

　外国人がレコン・ピオから北上してスピティを目指す場合、途中で中国との国境付近を通過するため、事前にインナー・ライン・パーミット（ILP）の取得が必要になる。街の中心部近くの観光案内所内にある旅行会社、ザ・モンクで相談すると、比較的簡単にILPを取得できる。午前中に申請して、午後に受領という場合が多い。日曜、祝日、第2土曜は申請不可。

レコン・ピオの街

▶レコン・ピオのホテルと旅行会社

Hotel & Travel Agency in Reckong Peo

ワンダラーズ・ホームステイ *Wanderers Homestay*	
価格帯	$$
住所	1 km from main market on the way to Kalpa, Reckong Peo
TEL	82192-75493

2021年開業の新しい宿。バススタンドから徒歩15分ほどの立地にあり、早朝発のバスを利用する場合の前泊に便利。頼めば宿で簡単な食事も出してもらえる。各種旅行サイトで予約可能。

ザ・モンク *The Monk*	
住所	TIC building, Khwangi, Reckong Peo
TEL	98055-30056

レコン・ピオの街でILPを申請する際の窓口となっている旅行会社。通常レコン・ピオでは、ILPは外国人2名以上で申請する必要があるが、ここでは一人旅の場合でも調整して申請してもらえる。

▶ カルパ P025

Kalpa

　レコン・ピオから西に7キロほど山道を登っていくと、カルパという村がある。歩くと少々大変だが、日中はバスが頻繁に往復している。山上の閑静な立地で、キナウル・カイラスの眺望も素晴らしい。レコン・ピオよりも宿の数が多く、数日滞在するならこちらの方が静かで居心地がいい。

　この村にはかつて、10～11世紀頃に高僧ロツァワ・リンチェン・サンポによって創建されたと伝えられる仏教寺院があったが、1960年代の火災で焼失してしまった。
今ある仏教寺院は、その跡地に建てられた新しいもの。集落内には他に、ヒンドゥー教寺院の外観をした、地元の土地神を祀る神殿もある。

カルパの村人たち

▶ サングラ谷 P025

Sangla Valley

　レコン・ピオより少し西、サトレジ川に流れ込むバスパ川沿いの道を南東に進んでいくと、サングラ谷と呼ばれる地域に入る。川沿いに連なる高低差100メートル以上はある断崖に、申し訳程度に穿たれたような細い車道が続いている。多くの旅行者は、レコン・ピオからチャーター車などでこの渓谷地帯を訪れる。冬の間は積雪のため、一部の区間が通行不能になる場合もある。

　サングラ谷でもっとも大きな村はサングラで、レコン・ピオからはバスが日に数本行き来している。所要時間は2時間30分程度。中心部には宿や食堂も比較的多く、滞在には困らない。この一帯では、薄い板状の石材で葺かれた、独特のそり返るような形状の屋根を持つ伝統的な木造家屋を数多く見かける。

サングラから2キロほど離れた郊外の山裾には、カムルーと呼ばれる古い集落がある。丸い丘の上に古くからの家々がこんもりと密集しているこの集落は、かつてこの地域を支配していたバシャール王国の領主が暮らしていた場所だ。集落内には、仏教寺院やヒンドゥー教寺院、土地神を祀った神殿などが混在していて、頂上付近には、石材と木材で造られた7階建ての古い砦の塔が今も残る。一部の寺院では、部外者の立ち入りは禁じられている。

サングラ谷の最奥にあるのは、チットクルの村。標高はキナウルの中心部より少し高くなり、約3400メートル。レコン・ピオから

チットクルまでは、バスが日に2本程度運行していて、所要時間は片道約4時間。この村にも、キナウル特有の伝統的な石葺き屋根の民家が数多く残されていて、集落内にはヒンドゥー教寺院もある。

サングラ谷にあるカムルーの集落

▶シムラー P025 *Shimla*

ヒマーチャル・プラデーシュ州の州都シムラーは、標高2200メートルほどの山間にある、人口約17万人の大きな街だ。19世紀に英国がインドを統治していた頃は、夏はシムラー、冬はカルカッタ（現コルカタ）に首都機能が置かれていた。インドでは有名な避暑地の一つであり、宿の数も多いが、料金はかなり高め。

シムラーは、キナウルを経由してスピティを訪れる際の基点でもある。国境付近を通過する際に必要なインナー・ライン・パーミット（ILP）はこの街でも取得できる。ただ、ここでの申請時には、外国人4名以上のパスポートが必要になるため、大半の旅行者は、より申請しやすいレコン・ピオやカザで申請している。

▶キーロン／シャシュル・ゴンパ／カルダン・ゴンパ 折込A B-4

Keylong / Shashur Gompa / Kardang Gompa

　キーロンは、ラホール・スピティ地区の西半分に位置するラホールの中心地となっている街だ。標高は約3050メートルで、人口は1400人程度。宿や食堂、商店も比較的多い。周囲の風景は、ラダックやスピティに比べると緑が多く、みずみずしい印象を受ける。

　以前、南のマナリからキーロンまで来るには、標高約3987メートルの峠、ロータン・ラを越えなければならなかったが、2020年に峠の直下を貫くアタル・トンネルが完成してからは、片道2時間ほどで行き来できるようになった。キーロンとマナリとの間では、バスが日に何本か運行している。キーロンからスピティ方面に直接向かうバスはなく、乗合タクシーも見つからない場合が多いので、マナリから行く方が簡単だ。

　キーロンの街の北の山腹には、ドゥクパ・カギュ派に属する僧院、シャシュル・ゴンパがある。16世紀頃の創建と言われているが、現在の建物は改築されたものだ。一方、街の南を流れるバガ川の対岸の山の中腹には、ドゥクパ・カギュ派に属する僧院、カルダン・ゴンパがある。12世紀頃の創建と伝えられていて、一時は廃寺と化していたが、20世紀に再建された。1998年の豪雨災害で大きな被害を受けたが、その後また再建され、現在ではラホール各地にある僧院の中でも中心的存在となっている。

　キーロンからレー・マナリ・ハイウェイを北東に23キロほど行くとジスパという村があり、さらに9キロほど進むと、ダルチャという集落がある。ダルチャの付近からレー・マナリ・ハイウェイを離れて北西に進み、標高約5090メートルの峠、シンゴ・ラを越えると、ゴンボ・ランジョン、ルンナク谷を経て、ザンスカールのパドゥムへと至る。

キーロンの街と周辺の風景

　ヒマーチャル・プラデーシュ州北部、標高約2050メートルの高原地帯に位置する人口約8000人の街、マナリは、インドでも有数の避暑地の一つだ。インドが酷暑期を迎える4月から6月にかけては、大勢のインド人旅行者がこの街を訪れる。夏の間は、陸路でマナリからラダックやスピティに向かう旅行者も多い。

　街は、モールと呼ばれる賑やかな商店街を中心にした新市街ニュー・マナリと、川を挟んで北側にある旧市街オールド・マナリとに分かれている。外国人旅行者向けの手頃な宿や食堂、商店は、オールド・マナリ側に多く集まっている。ニュー・マナリの北西の山上の森には、ハディンバ寺院という木造のヒンドゥー寺院がある。一方、オールド・マナリの上手には、この街の名の由来にもなった、インド神話で人類の始祖と伝えられるマヌの名を冠したマヌ寺院がある。また、マナリの北にあるヴァシシュトという村は、寺院の沐浴場で温泉に入れることで旅行者の間でも人気を集めている。

　デリーからマナリまで、夜行バスなどを利用すると、所要時間は約14〜16時間。マナリからラダックやスピティに至るまでの所要時間は、ロータン・ラ直下のアタル・トンネルの開通によって、それぞれ4時間ほど短縮されている。マナリからレーまでは、通行可能な夏の間、HPTDCのバスが隔日の早朝発で運行しており、所要約16時間。少し料金は高くなるが、より快適な小型のツーリストバスや乗合タクシーも、同じく早朝の時間帯に出発している。マナリからカザまでは、途中で路面が荒れている部分も多いため、早朝発の小型のツーリストバスや乗合タクシーを利用した方が無難だ。それらの所要時間は、路面の状態にもよるが、8〜10時間程度。

　HPTDCのバスの手配は、ニュー・マナリにあるHPTDCのオフィスで相談できる。小型のツーリスト・バスは、ニュー・マナリにある旅行会社やバス会社のオフィスで手配できる。乗合タクシーは、旅行会社のほか、宿のフロントでも手配の相談に乗ってくれる場合が多い。いずれも早めに予約しておく方が無難。

スピティ

171

伝統と暮らし、
自然を知る

t Tradition,
d Nature

⊳ 人々の生活様式について

　ラダック、ザンスカール、スピティの各地域は、古くからチベット仏教が信仰されていたこともあり、生活様式に関しても、他のチベット文化圏と共通する部分が数多くある。その一方で、インド本土からもさまざまな面で影響を受けていて、中国やパキスタンと接する地域ならではの複雑な事情も同時に抱えている。

一農業

　この土地で暮らす人々の多くは、先祖代々受け継いできた土地で農業を営んで生計を立ててきた。主な作物は、大麦、小麦、豆、根菜類、家畜用の牧草など。標高がやや低い地域では、葉物野菜、トマト、リンゴ、アンズなども栽培されている。これらの作物は村の中で消費するだけでなく、穫れ高によってはレーなどの街で売ったり、現地に駐留しているインド軍部隊に売ったりもする。スピティなどで多く栽培されているマタル（グリーンピース）は、高級品としてインド各地に輸出されてもいる。

　4、5月頃になると、人々はヤクやゾ（ヤクと牛の混血種）に鋤をつけ、歌を歌って操りながら畑を耕し、種を蒔く。その後は、日々わずかな雪解け水を丹念に畑に導きながら、収穫の時を待つ。7、8月頃に収穫期が訪れると、村では円形の広場に麦を敷き詰め、その上でヤクやゾをぐるぐる歩かせ（クユ）、麦穂を宙にすくい上げて風に晒して籾殻を取り除く（オンセ）という、昔ながらの脱穀作業が行われる。

　しかし最近は、若者の外部への流出などに伴う慢性的な人手不足から、トラクターや脱穀機などを導入する村も増え、伝統的な農法のノウハウは、急速に忘れ去られつつある。

麦の収穫にいそしむラダック・サクティの男性

一牧畜

　この地域の村々では、牛、ヤク、ゾ、馬、ロバ、ヤギ、羊などの家畜が大切に育てられている。これらの家畜は荷役や農作業のほか、肉や乳は食料に、毛は衣類などに活用されている。家畜はまた、人間の食事の残飯や生ゴミを餌として食べてくれるほか、その糞は、乾燥させると、樹木の少ないこの地域でストーブで燃やす貴重な燃料にもなる。家畜たちは、村での自給自足の循環型生活の一部を担う重要な役割を果たしてきた。

　かつては夏になると、少数の村人が、村の家畜をまとめて連れて山に入り、山奥の放牧地で家畜たちにたっぷり草を食わせながらひと夏を過ごしていた。しかし現在は、農業と同じく人手不足の影響で、村で飼われている家畜の数は減少の一途を辿っている。

　一方、主にラダック東部のルプシュを中心とした標高4000メートルを超える高地では、ヤクや羊、ヤギなどの家畜を1家族で何百頭も飼っている遊牧民たちが、高原を悠々と移動しながら暮らしている。彼らの飼う家畜のうち、特にパシュミナヤギは、首元から高品質な毛が採れるため、彼らにとって貴重な収入源になっている。しかし、遊牧民の人々にもやはり近代化と人手不足の影響が及んでいて、家畜を手放して街や別の土地に移り住む人が増えている。

ヤクの毛を刈る遊牧民の男性

一近代的な職業

　主にインド本土から押し寄せる近代化の影響で、たとえばラダックでは、レーの街を中心にオフィスワーカーが増加している。旅行会社やホテル、レストラン、ショップ、タクシー運転手など、観光関連の仕事に従事する人も多い。また、この地域には常に多数のインド軍部隊が駐留していることから、軍に関連するビジネスを手がける人も少なくない。

▶ 人々の服装について

　ラダック、ザンスカール、スピティでは、近代化の影響などで、日常的に民族衣装を着ている人の割合は減少している。特にレーなどの大きな街では、一般的な洋服のほか、女性の場合はインドで一般的なサルワール・カミーズなどを着ている人も多い。とはいえ民族衣装は、この地で生まれ育った人々にとって、彼ら少数民族の誇りを体現する存在であることは今も変わらない。

　この地域に伝わる伝統的な民族衣装は、ゴンチェと呼ばれる、ウール製の丈の長いコートのような服だ。男性用は前合わせ、女性用はワンピースのような形状をしている。夏用は薄手の布地で、冬用はナンブーと呼ばれる分厚い布地で仕立てられる。色はえんじ色など暗色系が多いが、生成りのものもある。ゴンチェの下には、最近では洋服や、女性はサルワール・カミーズなどを着る人が多い。礼装の場合はゴンチェに加え、ティビと呼ばれるつばのそり返った筒形の帽子や、パブーというフェルト製の先の尖った靴、そして女性はボクと呼ばれる刺繍入りのマントを羽織る。これらの民族衣装の作り手の中では、特にパブーを作ることのできる職人が激減していて、履いている人もあまりいない。

　民族衣装で特に有名なのは、ラダックやザンスカールではペラクと呼ばれている、女性用のヘッドギアだ。左右にフェルト製の黒い張り出しがある太い帯に、無数のトルコ石がびっしりと縫い付けられている。左右の黒い張り出しはコブラの頭を模したもので、コブラとトルコ石は、水の精霊ルーを象徴しているという。母から娘へと受け継がれる家宝で、現地では結婚式や高僧のお出迎えなど、特別な日にだけ着用される。

　スピティでも、ペラクと同様にトルコ石を散りばめた女性用のヘッドギアが存在する。左右の黒い張り出しはなく、着用時に顔の部分が見えなくなるほどの金属製の装飾がぶら下がっている点は、キナウルに伝わる民族衣装のヘッドギアの影響を強く感じさせる。スピティでは頭上に戴く形のほか、肩にかける形でも用いられる。

自身の結婚式でペラクを身につけたラダック人女性

生成りのナンブーで仕立てたゴンチェと、ティピを身につけたザンスカール人男性

顔が見えないほどの装飾が特徴的なスピティの女性の盛装

⊙ 伝統料理について

　　ラダックとその周辺のチベット文化圏では、かつてはチベットに
由来する伝統的な食事が主流だったが、インドに属するようになっ
てからは、インドから輸入する米を中心に、ダール（豆のカレー）
やサブジ（野菜のカレー）を合わせて食べることも一般的になった。
この項では、現地の人々の間で食されている伝統的な料理や飲み物
を中心に紹介する。

ツァンパ（ンガンペ）
大麦を炒って粉に挽いたもので、チベット文
化圏の伝統的な主食の一つ。見た目はシンプ
ルだが、栄養価は高い。粉のまま口に放り込
んだり、バター茶で練って団子状にしたり、
お湯などと合わせてもちもちに練り上げたパ
パという形にしたりして食べる。

タギ・カンビル
タギとは小麦粉を練って焼いたパンの総称
で、タギ・カンビルは、英語でラダッキ・ブ
レッドなどと呼ばれている、内側が中空の平
たいパンのこと。インドでチャパティと呼ば
れる薄焼きのタギは、タギ・シャモなどと呼
ばれている。

モモ（モクモク）
チベット文化圏で広く食されている伝統的な
蒸し餃子。この地域ではモクモクという発音
になる。小麦粉を練って作る皮は、蒸し上げ
るともっちりと食べ応えがある。具は肉や野
菜、チーズなどさまざま。トマトなどをすり
つぶした薬味や唐辛子とともに食べる。

トゥクパ
トゥクパとは本来、チベット料理における煮
込み料理の総称で、うどんに似た汁麺仕立て
のもの以外の料理も含まれる。たとえば、小
麦粉を練って平たく伸ばした生地をちぎって
煮込んだテントゥクというすいとん風の料理
も、トゥクパの一種だ。

ティモ（ティモク）

小麦粉を練って蒸し上げた、素朴な白い蒸しパンのような料理。ティモ自体に特に味はついておらず、スープやおかずなどと一緒に食べる場合がほとんど。街のレストランではあまり見かけないが、家庭では比較的よく作られている。

スキウ

小麦粉を練ってから細かくちぎって団子状にし、ジャガイモや青菜などの野菜や羊肉などと煮込んだ、汁気が少なめのシチューのような料理。スキウに似た料理で、小麦粉を平たく伸ばしてリボンのような形にしたものを煮込んだものは、チュタギと呼ばれる。

ダスとスパク

チベット由来の料理ではないが、ダス（米）にスパク（野菜や肉を炒め煮にしたおかずの総称）をかけた料理は、今やこの地域では主食の一つとなっている。肉はやや贅沢品で、お祝いごとの時や、野菜が欠乏する冬の間に精をつけるために食されることが多い。

チャン

大麦を発酵させて作るどぶろく。白濁していて炭酸は弱め、少し酸味があり、アルコール度数はあまり高くない。酒類ではほかに、大麦などを蒸留して作るアラクと呼ばれる強烈な酒がある。いずれも店ではほぼ売っておらず、家庭でのみ作られている。

バター茶（グルグル・チャ）

チベット文化圏で広く飲まれているバター茶は、茶葉を煮出してバターと塩を加え、ドンモと呼ばれる木製の筒状の器具で攪拌して作られる。器に注いだツァ・チャ（塩味の茶）にバターの塊を少し入れ、溶かしながら飲むことも多い。

チャイ（チャ・ンガルモ）

インドでチャイ（ミルクティー）が飲まれるようになったのは、実は19世紀頃と比較的最近のことなのだが、今やラダックとその周辺地域でも、バター茶と同じかそれ以上にチャイは日常的に飲まれている。ラダック語ではチャ・ンガルモ（甘い茶）とも呼ばれる。

▶ 野生動物と家畜について

　ヒマラヤ山脈の西外れに位置し、平均標高が3500メートルに達するラダック、ザンスカール、スピティには、高山地帯特有の野生動物が生息し、希少な生態系を形作っている。また、この地に暮らす人々の元では、牛や馬、ロバ、羊、ヤギなどの家畜たちが、昔ながらの循環型生活を維持する役割を果たしてきた。村での人手不足に伴う家畜の減少は、現地の人々にとって喫緊の課題だ。

ユキヒョウ（チャン）
ヒマラヤ山脈や中央アジアの山岳地帯に生息する大型肉食獣。地球温暖化や密猟などの影響で、個体数は数千頭程度と非常に少ない。国際自然保護連合（IUCN）が指定する、絶滅危惧種の野生動物のリスト（レッドリスト）では危急種（VU）に指定されている。

オグロヅル（チャトゥントゥンカルモ）
英語ではブラックネック・クレーンと呼ばれるツルの仲間。タンチョウなどと比較するとやや小型。夏になると、ラダック東部のルプシュ方面に飛来して、湿原などで繁殖活動を行う。ハンレの周辺では、オグロヅルを目撃できる可能性が比較的高い。

ヒマラヤン・アイベックス（シキン）
ヒマラヤの高山地帯に生息するヤギの仲間。メスの角は小ぶりだが、オスは非常に長大な、弓なりの角を頭に戴いている。夏の間は主に標高の高い山の中にいて、冬になると、標高のやや低い地帯にまで下りてくると言われている。

ブルーシープ（ナポ）
ヒマラヤン・アイベックスと同じく、ヒマラヤの高山地帯に生息するヤギの仲間で、バーラルとも呼ばれる。青みがかった灰色の毛並をしていて、成長したオスは大きな角を頭に戴く。群れをなして行動するため、目撃できる機会は比較的多い。

チベットノロバ(キャン)

ラダック東部のパンゴン・ツォ付近やルプシュなど、標高4000メートルを超える高地に生息している、野生のロバの一種。馬とほぼ同じくらいの大きさがあり、白と茶褐色の毛並を持つ。数頭から十数頭の群れで行動している場合が多い。

ヒマラヤン・マーモット(ピャ)

ラダックやザンスカール、スピティを旅していて、おそらく一番見かける機会の多い野生動物。パンゴン・ツォやルプシュ、スルなどの一帯に多い。体長は50〜60センチ程度と意外に大きい。危険を察知すると、一目散に巣穴に逃げ込んで姿を隠す。

ラダックナキウサギ(ザブラ)

パンゴン・ツォ付近やルプシュなど、標高4000メートルを超える高地で多く見かける小型哺乳類。ヒマラヤン・マーモットと同様、ラダックナキウサギも巣穴を掘って生息していて、仲間同士で鳴き交わす甲高い声をよく耳にする。

ヤク、ディモ

標高4000メートル以上の高地で生息する牛の一種。過酷な環境に適応した強靭な心肺機能と長くて保温力の高い体毛を持つ。ヤクはオスの呼称で、メスはディモと呼ぶ。ラダック周辺に野生のヤクはあまり生息しておらず、大半は家畜化されたもの。

ヤギ(ラボ、ラマ)

ラダック語ではオスのヤギをラボ、メスをラマと呼ぶ。羊などとともに現地では家畜として飼われていて、体毛や乳、肉などが活用される。ラダック東部の高地で暮らす遊牧民は、高品質なパシュミナを採れるパシュミナヤギを1家族で数百頭も飼っている。

ロバ(ブンブー)

この地域の村々では、ロバは馬やヤク、ゾなどとともに、荷役などに活用されていた。しかし最近はロバの需要も減り、行き場をなくしたロバたちの処遇が課題となっている。ちなみに、ラダックで誰かについて「ブンブー」と形容するのは「間抜け」という意味。

野生動物と家畜について

伝統と暮らし、自然を知る

⊙ トレッキングについて

　ラダック、ザンスカール、スピティには、ヒマラヤの高地でト
レッキングを楽しむことを目的にした世界各国のトレッカーが、数
多く集まってくる。各地での車道の延伸が続いている現在、徒歩で
しか訪れることのできない場所は次第に減りつつあるが、大自然の
中に自らの足で分け入ってこそ体感することのできるこの土地の魅
力は、今も確かに存在する。ここでは、この地域でトレッキングを
する際に留意しておきたいポイントをいくつか紹介するとともに、
主要なトレッキングルートについても解説する。

一季節と日程

　厳寒期にしか挑戦できないザンスカールのチャダル・トレックを
除き、一般的なトレッキングを楽しめる時期は、6月上旬から9月
中旬くらいまで。それ以外の季節は、積雪によって峠道が通行不能
になる場合が多い。日程は、短いルートでは1泊2日や2泊3日。
長いルートでは1週間から3週間に及ぶ場合もある。いずれの場合
も、出発前に少なくとも数日間、高地順応のための期間を取ってお
く必要がある。

ートレッキングの手配

　基本的には現地の旅行会社に依頼して、トレッキングガイド、炊
事係、荷物を運ぶ馬と馬番などを、必要に応じて雇う必要がある。
手配内容にもよるが、数日間のトレッキングを2名で手配する場
合、1日あたりの1名の料金の目安は、Rs.6000～10000程度。参
加人数が増えれば、1名あたりの料金は安くなる。炊事係や馬の手
配が不要なルートなら、さらに費用を抑えられる。

　ガイドを雇わずにトレッキングを計画するのは、よほど易しい
ルートでないかぎり、あまりおすすめできない。現地で出回ってい
る地図は正確性に欠けるものも多く、場所によっては正しいルート
を見失う危険性がある。少なくともガイドは雇うようにしたい。

―トレッキング中の宿泊

　この地域のトレッキングでは、テントや寝袋、食糧、炊事道具などを持参して、ルート上のキャンプサイトで幕営するのが基本になる。ルート上に村や集落がある場合は、民家でのホームステイと食事も、交渉次第で可能だ。シャム・トレックやスピティ・トレックなど、すべての宿泊をホームステイでまかなえるルートでは、携行する荷物を大幅に減らすことができる。ただし、人気のルートをハイシーズンに訪れる場合は、ホームステイ先の民家が満員で泊まれなくなっている可能性もあるので、旅行会社を通じて事前に連絡しておくのが望ましい。

―装備と服装

　テントや寝袋、炊事道具など、トレッキングに必要な装備の大半は旅行会社でレンタルできるので、自分で持ち込む方が安心なものだけ用意すればいい。水筒、ヘッドランプ、ファーストエイドキットなどは必須。レーではこれらの装備のほか、レインウェアや防寒着なども、大手メーカー純正の高品質なものでなければ購入できる。トレッキングシューズは、自分の足にフィットするものを持参する方が無難。

　この一帯は昼夜の寒暖差が非常に大きく、ルプシュなど標高の高い地域では、夏でも最低気温は氷点下近くまで下がる。薄手のダウンジャケットやフリースジャケットを用意しておいた方がいい。アウトドアウェアを中軸に、重ね着で温度調節できるような組み合わせを準備するといいだろう。夏の青天時の日射しは強烈なので、帽子は必須。シャツも長袖のものを用意して、肌の保護を心がけたい。突然の雨や雪などの天候の急変に備え、レインウェアは必ず準備しておこう。

ルプシュ・トレックで荷を運ぶ馬の隊列

▶シャム・トレック

その難易度の低さから「ベイビー・トレック」とも呼ばれるルート。途中の峠の標高もさほど高くないので、ほぼ年間を通じてトレッキングを楽しめる。基点となるリキルとティンモスガンには宿があるほか、途中の村でもホームステイを受け入れている民家が多く、幕営の装備は不要。道を間違えやすい箇所もあるため、ガイドは雇っておくのが無難だ。

1日目：リキル→ヤンタン

2日目：ヤンタン→ヘミス・シュクパチャン

3日目：ヘミス・シュクパチャン→ティンモスガン

▶ジンチェン・ストック・トレック

レーにほど近い場所で、1泊2日のトレッキングが楽しめるルート。ルムバクでは数軒の民家がホームステイを受け入れているので、幕営の装備は不要。標高4800メートルのストック・ラはかなり本格的な峠なので、ガイドは雇った方がいい。ジンチェンとルムバクの間の付近では、雨が降ると、川が急に増水して危険な状態になる時もあるので注意したい。

1日目：ジンチェン→ルムバク

2日目：ルムバク→ストック

▶ マルカ・トレック

　ストック山脈の南麓に連なるマルカ谷は、ラダックでもっとも人気のあるトレッキングスポットだ。レーからほど近い場所にあり、ルートの大半が平坦で、峠越えも2カ所だけなので、難易度は比較的低い。スタート地点をチリン付近に変更してガンダ・ラを外せば、峠越えをコンマル・ラのみにできる。マルカ谷に入ると、みずみずしい緑に彩られた渓谷沿いの風景を楽しめる。途中には、川を渡渉しなければならない場所がいくつかある。普段は膝の下くらいの深さだが、午後半ばを過ぎると川が増水するので注意が必要だ。

　ルート上にある村々では、民家でのホームステイを受け入れている。ただ、夏のハイシーズンは大勢のトレッカーが訪れるため、ホームステイ先を確保するのが難しい場合もある。こうした事情を考えると、自前のテントや寝袋、食糧は用意した方が無難だ。

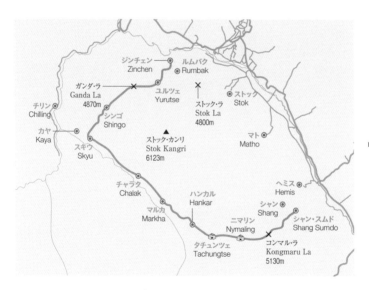

1日目：ジンチェン→ガンダ・ラ BC
2日目：ガンダ・ラ BC →スキウ
3日目：スキウ→マルカ
4日目：マルカ→ハンカル
5日目：ハンカル→ニマリン
6日目：ニマリン→シャン・スムド

伝統と暮らし、自然を知る

▶ルプシュ・トレック

　ルプシュの高地に横たわる2つの湖、ツォ・カルとツォ・モリリを旅するルート。スタート地点のルムツェですでに標高4000メートルを超えていて、途中には標高5000メートル以上の峠越えがいくつもある。十分な高地順応ができていなければ、踏破することは難しい。スタート地点をツォ・カル付近に変更すれば、日程を3日ほど短縮できる。平均標高は非常に高いが、地形にはそこまで極端な高低差はなく、この地域特有のなめらかな形の丘陵を歩くトレッキングを楽しめる。チベットノロバやブルーシープ、ヒマラヤン・マーモットなどの野生動物に遭遇するチャンスも多い。ルート付近に、ルムツェ、トゥクジェ、コルゾク以外の村はないが、この地域で悠々と暮らす遊牧民の居留地を通りがかる機会はある。

　このトレッキングでは、事前にインナー・ライン・パーミット（ILP）の取得が必要。終点のコルゾクからレーに戻るバスは非常に少ない。事前にチャーター車を手配しておくのが望ましい。

1日目：ルムツェ→キャマル

2日目：キャマル
　　　　→マンダルチャン・ラ直下

3日目：マンダルチャン・ラ直下
　　　　→シブク

4日目：シブク→リユル

5日目：リユル→ラジュン・カル

6日目：ラジュン・カル
　　　　→ギャマ・バルマ

7日目：ギャマ・バルマ→コルゾク

▶ ザンスカール・トレック

　ラダックのラマユルからザンスカールのパドゥムまで、10日間ほどかけて踏破するルートは、かつては多くのトレッカーの憧れだった。近年、この地域では車道の延伸が急速に進み、ルート上の大半を車で行き来することが可能になっている。道なき道を歩いていく楽しみは刻々と失われつつあるが、ザンスカールの雄大な自然や途上に点在する村々の佇まいの美しさは、今も変わらない。

　現時点で車道がまだ通じていない地域は、リンシェから標高約4700メートルのハヌマ・ラと標高約3900メートルのパルフィ・ラという2つの峠を経由して、ハナムル、ピドモに至る区間となる。この区間を中心に3日から5日ほどかけて歩く計画にして、前後にチャーター車による送迎を手配しておけば、比較的手軽に夏のザンスカールでのトレッキングを楽しむことができるだろう。よく知られたルートではあるが、途中にはトレイルを見失いやすい場所もいくつかあるので、ガイドは雇うようにしたい。

フォトクサル
Photoksar

ブミクツェ・ラ
Bumiktse La
4200m

センゲ・ラ
Sengge La
5000m

ネトゥケ・ラ
（ムルグン・ラ）
Netuke La
(Murgum La)
4100m

キュパ・ラ
Kyupa La
3850m

ユルチュン
Yulchung

リンシェ
Lingshed

ニェラク
Nyerak

ハヌマ・ラ
Hanuma La
4700m

パルフィ・ラ
Parfi La
3900m

ハナムル
Hanamur

ホンヤ
Honya

ピドモ
Pidmo

ザンラ
Zangla

1日目：フォトクサル
　　　　→センゲ・ラ直下

2日目：センゲ・ラ直下→リンシェ

3日目：リンシェ→ハヌマ・ラ直下

4日目：ハヌマ・ラ直下
　　　　→パルフィ・ラ直下

5日目：パルフィ・ラ直下→ピドモ

トレッキングについて

伝統と暮らし、自然を知る

187

凍結したザンスカール川の上を歩く、チャダル・トレック

▶チャダル・トレック

　冬になると周囲から隔絶されるザンスカールで、外部との行き来が可能な唯一の道は、凍結したザンスカール川の上に現れる幻の道「チャダル」だけだった。世界中のトレッカーが憧れるチャダル・トレックだが、この地域でも車道の延伸は刻々と続けられていて、純粋にチャダルでしか行き来できない区間は、パルダル・ツォモからニェラクまでの間に限られる。旅行会社が企画するチャダル・トレックのツアーも、この付近を往復するものがほとんどだ。

　凍結した川の上を歩くので、ルートの高低差はあまりないが、氷が十分でない場所では、岩場をよじ登って迂回したり、冷たい川を渡渉したりしなければならない場合も多い。個人で手配する際は、熟練のザンスカール人ガイドを必ず雇うようにしたい。

　服装や装備は、冬季登山用のものが必要だ。靴に関しては、内側に断熱材の入ったラバーブーツも用意しておくと役に立つ。夜は川沿いの洞窟で幕営するので、テントはなくても問題ない。

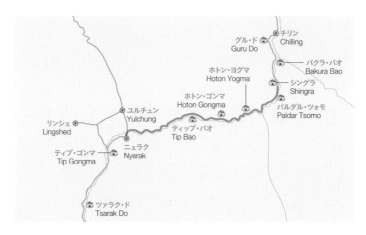

1日目：パルダル・ツォモ→ティップ・バオ　　4日目：ニェラク・プル→ティップ・バオ

2日目：ティップ・バオ→ニェラク・プル　　　5日目：ティップ・バオ→パルダル・ツォモ

3日目：ニェラク・プル→ニェラク
　　　　→ニェラク・プル

トレッキングについて

伝統と暮らし、自然を知る

▶ スピティ・トレック

　スピティ川の北に連なる標高4000メートルを超える高地に点在する村々を、1つずつ泊まりながら辿り歩くトレッキングは、旅行者の間で人気のアクティビティの一つとなっている。標高が高いので事前の高地順応は必須だが、ルート自体はさほど高低差もなく、未舗装の車道のある区間も多いので歩きやすい。途上にある村々では民家でのホームステイが可能なので、幕営のための装備や食糧を持ち運ぶ必要もない。旅行会社を通じて、英語を話せるスピティ人ガイドを一人雇えば十分だ。

　地図上ではわかりづらいが、タシガンとランザの間には途方もない高低差の断崖が存在するため、徒歩での行き来は難しい。キッバル周辺でのトレッキングと、ランザからラルン、ダンカルにかけてのトレッキングは、別々に計画して、片方が終わったらいったんカザに戻る形にしておくといいだろう。

南ルート

1日目：ランザ→コミック

2日目：コミック→デムル

3日目：デムル→ラルン

4日目：ラルン→ダンカル

北ルート

1日目：キー→タシガン

2日目：タシガン→キッバル

3日目：キッバル→チチム

▶ パラン・ラ・トレック

　スピティの北に横たわる標高5500メートルの巨大な峠、パラン・ラを越え、ラダックのツォ・モリリまで北上する壮大なルート。途中に村や集落はいっさいない。パラン・ラを徒歩で行き来できる真夏の時期だけ実行可能なトレッキングだが、峠の北麓では、巨大な氷河を数時間かけて越えなければならない。また、ツォ・モリリの南にあるノルブ・スムドと呼ばれる地点では、幅が100メートル以上ある川を渡渉する必要がある。難易度の高いルートなので、現地を熟知したガイドの起用は必須。下記に挙げた7日間の日程もかなりきつめなので、体力に自信がなければ、2日ほど余裕を持たせた方が無難だ。

　ラダック側からスピティに南下することもできるが、インナー・ライン・パーミット（ILP）やガイド、荷物を運ぶ馬などの準備は、スピティ側からの方が何かと手配しやすい。コルゾクからレーに向かうチャーター車などは別途手配しておく必要がある。

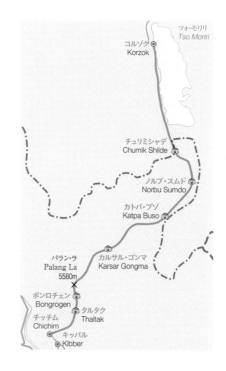

1日目：チチム→タルタク

2日目：タルタク→ボンロチェン

3日目：ボンロチェン
　　　　→カルサル・ゴンマ

4日目：カルサル・ゴンマ
　　　　→カトパ・ブゾ

5日目：カトパ・ブゾ
　　　　→チュリミシャデ

6日目：チュリミシャデ
　　　　→ツォ・モリリ湖畔

7日目：ツォ・モリリ湖畔
　　　　→コルゾク

⊙ チベット仏教について

　紀元前5世紀頃、ガウタマ・シッダールタ（仏陀、釈迦牟尼）を開祖としてインドで発祥した仏教は、7、8世紀頃にチベットに伝わった。チベット仏教は、サンスクリット語で記された原典を忠実に翻訳した経典を土台にしていて、インドではその後廃れてしまって中国や日本には伝わらなかった後期密教の教義も継承している。

▶ インド北部で見られる主な宗派

　チベットの西外れに位置するラダックやザンスカール、スピティでも、チベット仏教は篤く信仰され続けている。これらの地域に見られるチベット仏教の宗派には、主に次のようなものがある。

ーゲルク派
　チベット仏教における最大の宗派で、15世紀頃にツォンカパを開祖として成立した。ダライ・ラマも、もともとはこの宗派の高僧。ティクセ、スピトク、リキル、リゾン、デスキット、サムタンリン、シェルゴル、ランドゥム、カルシャ、ストンデ、リンシェ、プクタル、キー、ダンカルなど、多数の僧院がこの宗派に属する。

ードゥクパ・カギュ派
　マルパとその弟子ミラレパを開祖に成立したカギュ派の分派、パクモドゥ・カギュ派からさらに派生した支派の一つで、12～13世紀頃に成立した。ヘミス、チェムレ、ハンレ、スタクナ、サニ、ゾンクル、バルダンなどの僧院がこの宗派に属する。

ーディクン・カギュ派
　カギュ派の分派、パクモドゥ・カギュ派から派生した別の支派の一つで、12世紀頃に成立した。ピャン、ラマユル、ワンラ、シャチュ

クル、スクルブチャンなどの僧院が、この宗派に属している。

ーサキャ派

　11世紀頃、チベットのクン氏から発祥した宗派で、その血統を維持するため、管長が世襲で選ばれるのが特徴。ラダックのマト・ゴンパやスピティのタンギュット・ゴンパなどがこの宗派に属する。

ーニンマ派

　8世紀頃、チベットのティソン・デツェン王に招聘された密教行者グル・リンポチェ（パドマサンバヴァ）を開祖に成立した、チベット仏教で最古の宗派。ラダックのタクトク・ゴンパやスピティのクングリ・ゴンパが、この宗派に属する。

▶主な尊格と祖師、高僧

　チベット仏教の尊格の数は数千に上るとも言われていて、それらをすべて把握するのはかなり難しい。だが、ごく基本的な仏尊や神々、祖師、高僧に関して少し知っておくだけでも、ラダックとその周辺での僧院巡りは、俄然興味深いものになるはずだ。

ー仏（如来）

　仏教の開祖であるシャキャ・ムニ（釈迦牟尼）をはじめ、悟りを開いて輪廻から解脱した存在を仏（如来）と呼ぶ。ラダック周辺ではシャキャ・ムニのほか、ナンパ・ナンツァ（毘盧舎那如来）やオパメ（阿弥陀如来）などの仏像や壁画をよく見かける。

ー守護尊

　後期密教の経典の主尊として重視されるのが守護尊（イダム）。男尊と女尊が抱き合った姿であることが多い。ゲルク派の守護尊であるドルジェ・ジッチェ（ヤマーンタカ、大威徳金剛）や、ドゥンコル（カーラチャクラ、時輪金剛）などが知られている。

―菩薩

　悟りの境地に達しながらも、あえて輪廻の中に踏みとどまり、世の生きとし生けるものを救済する存在を、菩薩と呼ぶ。チェンレジ（観音菩薩）、チューチグザル（千手観音）、ジャムヤン（文殊菩薩）、チャンバ（弥勒菩薩）、ドルマ（ターラー菩薩）などの像や壁画がよく見られる。

―護法神

　仏の教えを護る存在とされている神々で、しばしば忿怒の形で描かれる。ゴンボ（マハーカーラ、大黒天）やギャルツェン・シ（四天王）など、インドの神々を取り入れたものや、仏教伝来以前のチベットの土着の神々を基にした尊格が多い。

―グル・リンポチェ（パドマサンバヴァ）

　8世紀頃、チベットのティソン・デツェン王に招聘され、チベットでニンマ派の礎を築いた密教行者。インドからチベットまで空を飛んできて土着の神々を調伏したとか、実はまだどこかで生きているとか、数多くの謎めいた伝説を残している。

―ロツァワ・リンチェン・サンポ

　10～11世紀頃、ラダックの隣国のグゲ王国で、衰退していたチベット仏教の復興に尽力した高僧。膨大な量の経典の翻訳を手がけたことから、ロツァワ（翻訳官）と呼ばれる。留学先のカシミールから仏師や絵師、建築家を連れ帰り、グゲのトリン・ゴンパ、ラダックのニャルマ・ゴンパ、スピティのタボ・ゴンパの三大寺をはじめ、各地に多数の僧院を建立したと伝えられている。

―アティシャ

　11世紀頃に活躍した高僧で、仏教が一時衰退していたチベットに赴き、生涯を終えるまで仏教の再興に尽力した。仏教の修行階梯を網羅的にまとめた書物『ラムトン（菩提道燈論）』を著したことでも知られている。

ーミラレパ

師のマルパとともにカギュ派の開祖とされる、11〜12世紀頃の
ヨーガ行者にして吟遊詩人。幼い頃に死別した父の財産を叔父夫妻
に奪われ、母ともども虐待された恨みから、夫妻の子供と虐待に加
担した村人たちを呪殺。その罪を悔いてマルパに師事し、凄絶な修
行を経て悟りの境地に達した、という伝説が残っている。右耳に手
を当てた姿で描かれる。

ーツォンカパ

現時点のチベット仏教における最大の宗派、ゲルク派の開祖。ア
ティシャからの流れを汲む教義を中心に、既存の宗派に伝わるさま
ざまな教えを整理・検証して、ゲルク派の実践体系を確立した。ツォ
ンカパの命日であるチベット暦の10月25日（太陽暦では12月頃）
には、ガルダン・ナムチョと呼ばれる灯明祭がラダック各地で行わ
れる。

ーダライ・ラマ

チベット仏教の宗派を越えた最高指導者であり、すべてのチベッ
ト仏教徒から尊敬を集める存在。観音菩薩の化身とされている。「ダ
ライ・ラマ」とは、16世紀にモンゴル王アルタン・ハーンから贈ら
れた称号で、「大海」を意味する。歴代のダライ・ラマの中では、
17世紀にラサでポタラ宮を建立したダライ・ラマ5世や、その転生
者に認定されながらも還俗して、数多くの恋愛詩を遺したダライ・
ラマ6世、中国占領下のチベットから亡命し、苦難の道を歩んでき
たダライ・ラマ14世がよく知られている。

ーパンチェン・ラマ

チベット仏教において、ダライ・ラマに次ぐ地位の高僧で、阿弥
陀如来の化身とされている。1995年、パンチェン・ラマ11世とし
て認定されたゲンドゥン・チューキ・ニマ少年は、中国政府に誘拐
され、今も消息不明のままとなっている。現在、表舞台でパンチェ
ン・ラマ11世を名乗っている人物は、中国政府による傀儡。

ダライ・ラマ14世（2010年、ラダックの
サムタンリン・ゴンパで撮影）

仏教では、すべての生きとし生けるものは六道（天道、人道、修羅道、畜生道、餓鬼道、地獄道）で輪廻転生をくりかえすと考えられている。現世で人間に生まれていても、来世は動物や虫になってしまうかもしれない。人々はよりよい来世を迎えるために、日頃から善行を積むことを心がける。仏陀のように悟りを開いて輪廻から解脱することが、仏教の究極の目標とされている。

チベット仏教の僧侶の中でも、リンポチェ（宝珠）という尊称で呼ばれる高僧の多くは、代々高僧として生まれ変わるトゥルク（転生者、化身）と考えられている。先代の高僧が亡くなると、その生まれ変わりとされる子供が占いなどの方法によって探し出され、英才教育を施されて、高僧の称号が継承される。

ダライ・ラマは、そうしたチベット仏教の高僧の中でも宗派を超えた最高指導者であり、すべての仏教徒から尊敬を集める存在だ。歴代のダライ・ラマは、観音菩薩の化身とされている。観音菩薩は悟りの境地に達しながらもあえて輪廻の中に踏みとどまり、世の生きとし生けるものを慈悲の心で救済する存在とされている。

ダライ・ラマ14世テンジン・ギャツォは、1935年7月6日、チベットのアムド地方にあるタクツェルという農村に生まれた。2歳の時にダライ・ラマの転生者として捜索隊に認定され、4歳でチベットの首都ラサへ。そして15歳の若さで、チベットの政治上の全権限をも担う最高指導者となった。23歳の時には、仏教哲学における最高位の試験にも合格し、ゲシェ・ラランパという学位を授けられている。

しかしその頃、当時はまだ独立国家であったチベットをめぐる情勢は、悪化の一途を辿っていた。1949年から中国人民解放軍によるチベットへの侵攻が始まると、ダライ・ラマ14世は米国や英国に仲裁を求め、中国にも使節

団を派遣したが、はかばかしい成果は得られず。逆にその使節団は、チベットにとって圧倒的に不利な内容を記した17カ条協定への調印を強要される結果となってしまった。その後も、チベットにおける中国の武力支配体制は刻々と増強されていき、各地で中国人民解放軍によるチベット人への弾圧行為が多数報告されるようになった。

1959年3月10日、中国人民解放軍によるダライ・ラマ14世の身柄拘束の危機が迫ると、ラサでは約30万人とも言われるチベット人が一斉に蜂起。緊迫した情勢の中、ダライ・ラマ14世はわずかな随伴者とともにインドに亡命した。この時に蜂起したチベット人は中国人民解放軍によって徹底的に弾圧され、以来、チベットは中国の支配下に置かれることになった。

亡命したダライ・ラマ14世は、インド国内でチベット亡命政府を樹立。1960年には、ヒマーチャル・プラデーシュ州のダラムサラをその拠点と定めた。それから現在に至るまで、ダライ・ラマ14世は国際社会に対し、一貫して非暴力による方法でチベット問題を提起し続けている。また、ダライ・ラマ14世は、亡命チベット人憲章の起草や各官庁の再編、選挙制度の導入など、チベット亡命政府の民主化も積極的に推進。亡命チベット人の子供たちのための教育環境の整備にも尽力した。そうした姿勢と実績は国際的にも高く評価され、ダライ・ラマ14世は1989年にノーベル平和賞を受賞した。

ダライ・ラマ14世は現在、チベット亡命政府の政治的指導者の立場からは引退しているが、チベットの人々にとっては、今もかけがえのない精神的支柱であり続けている。これまでのダライ・ラマの輪廻転生制度を今後も存続させるかどうかは、チベット人同士で話し合って決めるべき、とダライ・ラマ14世は述べている。その議論の行末と、それに対する中国政府の動向は、チベットの人々の未来を大きく左右することになるかもしれない。

▶チベット仏教のキーワード

―六道輪廻

　仏教では、生きとし生けるものはすべて、六道（天道、人道、修羅道、畜生道、餓鬼道、地獄道）で輪廻転生をくりかえすと考えられていて、悟りを開いてこの輪廻から解脱することが目的となっている。各地の僧院では、車輪のような形に描かれた六道輪廻図の壁画をよく見かける。

―リンポチェ

　一部の高僧に対する尊称で、「宝珠」という意味。リンポチェと呼ばれる高僧の多くは、代々高僧として生まれ変わるトゥルク（転生者、化身）と考えられている。先代の高僧が亡くなると、その生まれ変わりとされる少年が、占いなどの方法で探し出される。

―三宝

　仏教における3つの宝として、仏とその教え、それを伝える僧侶を指した言葉。ラダック語ではコンジョック・スムと呼び、会話の合間に「三宝に誓って本当のことだよ！」といった意味の言い回しでよく用いられる。

―オム・マニ・ペメ・フム

　チベット仏教でもっともよく知られている、観音菩薩のマントラ（真言）。「嗚呼、蓮華の中の宝珠よ、永遠なれ」という意味で、祈祷の際にしばしば唱えられるほか、石の表面に刻まれて（マニ石）、壇に積まれていることも多い（マニ壇）。

―コルラ(右続<ruby>右続<rt>うにょう</rt></ruby>)

　ゴンパ（僧院）やチョルテン（仏塔）など、聖なる場所の周囲を祈りながら時計回りに回る行為を指す。チベット文化圏で僧院を参拝する時の基本。ちなみにボン教では、反時計回りに参拝する。

―キャンチャク（五体投地礼）

チベット仏教でよく行われる礼拝方法。胸の前で両手を合わせ、その手を頭上、口元、胸と動かした後、地面にうつ伏せになって、両手を前に伸ばす。完全なうつ伏せにならずに背中を丸め、両手と額と膝を地面につける礼拝方法は、クムチャクと呼ばれる。

―チョルテン（仏塔）

仏塔はもともと、釈迦や高僧の遺骨を納めるための塔だったが、その後、さまざまな由緒で各地に建てられるようになった。小さなもので高さ1、2メートル、大きなものは10メートル以上になる。

―マニコロ（マニ車）

木製または金属製の円筒の内側に経文を納めたもので、時計回しに1回回すと、1回お経を唱えたことになるという。手で持って使うサイズのものから、人の背丈ほどもある大きなものまである。人力だけでなく、風車や水車を使って回す仕組みのものもある。

―タルチョ

僧院や家々の屋根、山頂、峠、橋などでよく見かける、経文などが印刷された5色の祈りの旗。青が空、白が風、赤が火、緑が水、黄が地を表している。タルチョが風にたなびくと、祈りが風に乗って世界に広がっていくと考えられている。

―カタ

儀礼用の絹のスカーフ。白の場合が多い。僧院への参拝や高僧との謁見、お祝いや別れの挨拶などといったさまざまな場面で、相手にカタを捧げることで敬意を表す。

―砂曼荼羅

仏の教えや悟りの世界を図示する曼荼羅を、何種類もの色付きの砂を使って描いたもの。完成した砂曼荼羅は、本尊を招く儀式を行った後、破壊されて、砂は川などに流される。

▶チャムについて

　チャムとは、チベット仏教のいくつかの僧院で年に1回程度催される、仮面舞踊の祭礼だ。多くのチャムでは、2日間にわたって仮面舞踊が披露され（ザンスカールやスピティの僧院では実質1日だけの場合もある）、近隣から大勢の人々が見物に訪れる。僧院の周囲では多数の露店が軒を連ね、縁日のような賑わいを見せる。

　チャムでは、シャナクと呼ばれる黒帽の僧侶をはじめ、守護尊や護法神、祖師、道化など、さまざまな種類の仮面が登場する。ティクセ・グストルやマト・ナグランなど、一部の僧院のチャムでは、ラバ（シャーマン）が神託を告げる役割を果たす。仮面の種類や舞踊の内容は、宗派や僧院によってそれぞれ異なるが、ほぼすべてのチャムに共通しているのは、ダオの供養と破壊の儀式だ。

　ダオとは、ツァンパ（ンガンペ）などを練り上げて作った全長数十センチほどの人形のことで、仏教に対する「敵」の象徴とされている。その「敵」とは、ある時はチベットで廃仏政策を執り行った悪名高きランダルマ王であったり、またある時は、人間の内面に巣食う煩悩そのものであったりするという。そのダオを供養し、破壊して滅するのが、すべてのチャムに共通する目的であり、もっとも重要な儀式でもある。

　ラダックとその周辺地域で観光業が発展するにつれ、特に夏の間に開催されるチャムには、外部から大勢の観光客が見物に訪れるようになった。それらの人々の中には、チャムへの理解と敬意の不足によって、常識に欠ける行動でトラブルを起こす人も少なくない。撮影に夢中になりすぎて、チャムの進行を邪魔したり、僧侶や地元の人々に失礼な態度を取ったりしないように気をつけたい。

スピティ・グストルに登場したシャワ（鹿）の仮面の僧侶

▶僧院を拝観する時のマナー

　仏教を信仰する人々にとって、僧院は非常に神聖な場所だ。ラダックなどで僧院を拝観する際には、次に挙げるようなマナーを守ることを心がけたい。

　僧院によっては、建物の修繕や運営の維持のため、旅行者に対して少額の入場料を設定している場合がある。入場料の設定がない僧院でも、拝観の際には少額でもいいので、できるだけお布施を置いていくようにしたい。

　僧院を訪れる際には、タンクトップやショートパンツなど、極端に肌の露出の多い服装は避けた方がいい。僧院内に入ったら、僧侶の方々の邪魔をしないように、できるだけ静かにふるまうことを心がけよう。僧侶に出会ったら、両手を合わせて拝礼するようにしたい。僧院内での飲酒や喫煙は、もちろん厳禁。

　お堂の中には、僧侶がいたらその方の許可を得た上で、靴を脱いで入る。扉に鍵がかかっている場合は、開錠してもらえるかどうかを丁寧に訊こう。お堂の中は、時計回りにコルラし、特に本尊の仏像の前ではきちんと拝礼して、お布施を置くようにする。仏像や壁画に手を触れたり、うっかり荷物をぶつけて傷つけたりしないように十分注意したい。

　お堂によっては、内部の撮影が禁止されている場合もあるので、あらかじめ僧侶に確認しておこう。撮影が許可されている場合でも、壁画などにダメージを与える可能性のあるフラッシュは使わないようにしたい。仏像を背景にしての記念撮影は基本的に避けるべきで、許可されている場合でも、仏像より姿勢を低く屈めて敬意を示すようにしよう。

ティクセ・ゴンパのチャンバ（弥勒菩薩）像

⊙ 伝統的な職業について

　外界からの影響で社会の近代化が刻々と進んでいるラダックとその周辺地域だが、古来から受け継がれてきた伝統的な風習もまだ根強く残っている。ここで紹介する伝統的な職業に携わる人々は、今も現地の人々に篤く敬われている存在だ。

ーラバ／ラモ

　神下ろしの能力を持つシャーマンのこと。ラダックでは男性のシャーマンをラバ、女性をラモと呼ぶ。スピティでは似た能力を持つ男性をルイヤなどと呼んでいる。彼らは、ラー（スピティではユラ）などと呼ばれる神を自らに憑依させ、さまざまな特殊能力を発揮すると言われている。

　彼らが担う役割は、大きく分けて2つある。1つは、一部の僧院で催されるチャム（仮面舞踊）を伴う祭礼や、村のシュウブラ（収穫祭）などで、自らに神を憑依させ、神託を告げるというもの。これは主にラバ（男性）が担っている。

　もう1つは、日常的に人々から相談を受けて、悩みごとや探しものに対して占いに基づいた助言を行ったり、病人の患部に口や管で吸い付いて不浄の黒い塊を吸い出す治療を施したりするというもの。これはラモ（女性）が担う場合が多い。

ーオンポ

　占星術師のこと。スピティで似た役割を担う人は、チョワなどと呼ばれる。ラバ／ラモのように霊的な感覚に頼るのではなく、伝統的な天文学と暦の計算から、依頼人の前世、吉凶、将来などを判断する。現地の人々は、結婚式や祭り、農作業、旅行など、さまざまなものごとに関して幸運がもたらされるように、オンポの判断を仰ぐ。たとえば、結婚式の日取りを占ってもらう時、オンポが必要とするのは新郎新婦2人の生年月日だけ。理由は不明だが、同じ生年月日の人が他にいても、占いの結果は同じにはならないという。

―アムチ

　チベット伝統医学の医師は、アムチと呼ばれる。彼らは左右合わせて6本の指を使って、患者の手首の脈を測る脈診を行い、患者への問診と、目や舌の色、尿の状態などと併せて診断を下す。病気の治療は、主に薬草を調合した生薬を患者に投与することで行う。かつてのアムチは、薬の材料となる薬草を得るために、荷運びのロバを連れて単身山中深くへと分け入っていたという。以前は1つの村に2、3人はアムチがいて、村人は治療代を支払う代わりに、アムチの所有する畑の世話を手伝うなどしていた。

　各地に病院が建設されて、西洋医学が社会に浸透した現在、アムチと西洋医学の医師は、互いの診断法や治療法の優れている点を認め合うようになり、共存の道を歩もうとしている。

ティクセ・グストルに登場したラバ

ラダックのレー在住のオンポ

ラダックのレー在住のアムチ

▶ 冠婚葬祭と伝統行事について

一結婚

　ラダック、ザンスカール、スピティを中心とした地域では、ほんの数十年前まで、複数の夫（兄弟の場合が多い）が1人の妻を娶る一妻多夫制が存在していた。第二次世界大戦後にこれらの地域がインドに帰属するようになってから、一妻多夫制は法的に禁止される形となり、現在は一夫一妻制となっている。以前はお見合い結婚が主流だったそうだが、最近は、恋愛結婚とお見合い結婚の割合は半々程度のようだ。

　この地域での結婚式は、嫁ぐ者が、生家から嫁ぎ先の家へと移動する行為自体が儀式の一環となっている。昔は馬に騎乗して移動していたそうだが、最近は車で移動する場合が多い。結婚式の当日は、

親族や友人、近隣の住民など、何百人もの招待客をもてなす盛大な宴が、夜を徹して催される。宴は、昔は1週間以上も行われていたが、最近は1、2日程度。

結婚式に臨むラダック人の花婿と花嫁

一葬儀

　チベット本土では、亡くなった人の遺体を鳥についばませる鳥葬の風習がよく知られているが、ラダックとその周辺地域では、火葬が一般的だ。人が亡くなるとまず、僧侶たちによる読経が数日間続けられる。その後、白布でくるまれた遺体は、プルカンと呼ばれる棺型の火葬場で荼毘に付される。遺灰は、少量がツァツァと呼ばれる素焼きの器に入れられて、特定のチョルテン（仏塔）の中に納められる。残りの遺灰は、山や川に撒かれる。

　輪廻転生が信じられているこの地域では、亡くなった人の遺体の扱いやその後の弔いに関しては、さほどこだわりがないという。

―ロサル

　ロサルとは正月のことだが、ラダックやザンスカールでのロサル
は、チベット暦の11月１日（太陽暦では12月から１月頃）に催さ
れる。これは、17世紀頃にラダックを統治していたジャムヤン・ナ
ムギャル王が、隣国との戦争に出征する前にロサルのお祝いを終わ
らせようと、ロサルを２カ月前倒しにする命令を出したことに由来
しているという（ちなみに、ジャムヤン・ナムギャル王率いるラダッ
ク軍は、その戦争で敗北を喫した）。スピティのロサルはさらに早
く、チベット暦の10月１日（太陽暦では11、12月頃）に催される。

　ロサル前の大晦日の夜には、家々の軒先に灯明が灯され、村人た
ちが燃えさかる松明を手に村の中を練り歩く（メト）。夕食の際は、
家族や家畜たちのために敬虔な祈りが捧げられる。新年になると、
人々は近隣の僧院を参拝
し、親戚や友人の家を訪ね
合って、盛大な宴を催す。
一部の村々では、ロサル明
けに伝統的な悪霊祓いの儀
式が行われる（P070）。

ロサル前夜、松明を集めて燃やす村人たち

―ゴチャック

　チベット暦の１月15日（太陽暦では３月頃）の付近に行われる行
事で、人々が家族や家畜の無病息災や作物の豊作などを祈願して、
五体投地礼をくりかえしながら少しずつ路上を進んで、各地の僧院
へと巡礼する。レーで催されるゴチャックが、参加者数も多いので
よく知られている。

―ダチャン

　スピティの各地の村々で、２月中旬から３月頃にかけて催される
早春の祭り。当日は、伝統的な民族衣装をまとった人々による歌と
踊りが披露されたり、現地の人々によるアーチェリー大会が催され
たりする。

―サカダワ（ブッダ・プルニマ）

サカダワとはチベット暦の4月（太陽暦では5、6月頃）のことで、この月の満月の日は、仏陀の誕生、成道、涅槃を記念した日とされている。サカダワの時期に積んだ功徳は、他の時期の何倍にもあたると考えられていて、各地の僧院には大勢の参拝客が訪れる。ラダックでは、ティンモスガンへの参拝が有名（P082）。

サカダワの日、ティンモスガンに参拝に訪れた人々の列

―ブンスコル

僧院に収蔵されている経典を、僧侶と村人たちが担ぎ出し、僧侶の先導に従って近隣の村を練り歩く行事。途中の路上や村の中では、大勢の村人たちが待ち構えていて、手を合わせて身を屈め、経典に頭を近づけて、祝福を授かろうとする。初夏の時期に行われるところが多い。

シェイのブンスコルで、経典を背負って歩く村人たち

―ラダルチャ

スピティで8月頃に催される、ラダックなど周辺地域との交易祭。ラダック東部の遊牧民をはじめ、ヒマーチャル・プラデーシュ州内外のさまざまな地域から、大勢の人々がスピティに集まる。

―ラダック・フェスティバル

ラダック連邦直轄領観光局が主催する、観光PRを目的にしたフェスティバル期間で、毎年9月頃に実施される。華やかな民族衣装をまとった現地の人々によるパレードをはじめ、歌や踊り、アーチェリー大会、ポロの試合などが、レーを中心に催される。

ーシュウブラ

　ラダックやザンスカールの各地の村々で催される、その年の収穫を祝う収穫祭のこと。特に有名なものとしては、ラバ（シャーマン）が神託を告げるシェイのシュウブラ（P047）や、ダーなどで秋に催されるボノナー（チュポ・シュウブラ、P118）などがある。

シェイ・シュウブラに登場したラバ

ーナムガン

「花の祭礼」として主にキナウルで催されている行事だが、スピティでも形を変えて、ランザ、コミック、デムルなどで行われている。デムルのナムガンは特に有名で、毎年8月中旬頃に催されている（P156）。

デムルのナムガンで、チェタプの神託を告げるルイヤ

ーガルダン・ナムチョ

　チベット暦の10月25日（太陽暦では12月頃）に催される、チベット仏教ゲルク派の開祖ツォンカパの命日を記念する灯明祭。この日の夕刻になると、家々の軒先や仏塔の周囲など、至るところに小さな灯明やかがり火が灯されて、静謐で幻想的な光景が見られる。

ガルダン・ナムチョの日に用意された灯明

祭りの名称、チベット暦での開催日		2024年	2025年
スピトク・グストル	チベット暦 11月28、29日	1/9、10	1/27、28
レー／リキル／デスキット・ドスモチェ	チベット暦 12月28、29日	2/8、9	2/26、27
プクタル・グストル	チベット暦 12月28、29日	2/8、9	2/26、27
ストック・グル・ツェチュ	チベット暦 1月9、10日	2/18、19	3/8、9
マト・ナグラン	チベット暦 1月14、15日	2/23、24	3/13、14
バルダン・ガツァ	チベット暦 4月14、15日	5/22、23	6/10、11
サカダワ	チベット暦 4月15日	5/23	6/11
ゾンクル・フーチョ	チベット暦 4月16、17日	5/24、25	6/12、13
ラマユル・ユンドゥン・カブギャット	チベット暦 4月27、28日	6/3、4	6/22、23
ヘミス・ツェチュ	チベット暦 5月10、11日	6/16、17	7/5、6
シャチュクル・グストル	チベット暦 5月17、18日	6/23、24	7/12、13
ストンデ・グストル	チベット暦 5月18、19日	6/24、25	7/13、14
ピャン・ツェドゥプ	チベット暦 5月28、29日	7/3、4	7/22、23
カルシャ・グストル	チベット暦 5月28、29日	7/3、4 ·	7/22、23
キー・グイトー	チベット暦 5月29日	7/4	7/23
コルゾク・グストル	チベット暦 6月3、4日	7/8、9	7/27、28
タクトク・ツェチュ	チベット暦 6月10、11日	7/16、17	8/4、5
サニ・ナロ・ナスジャル	チベット暦 6月14、15日	7/20、21	8/8、9
ハンレ・グストル	チベット暦 6月28日、29日	8/2、3	8/21、22
シェイ・シュウブラ	チベット暦 7月9、10日	9/12、13	9/1、2
デスキット・グストル	チベット暦 8月28、29日	10/30、31	10/19、20
タンギュット・ジグゼット	チベット暦 8月29日	10/31	10/20
ティクセ・グストル	チベット暦 9月18、19日	11/18、19	11/8、9
チェムレ／タクトク・アンチョク	チベット暦 9月28、29日	11/28、29	11/17、18
ダンカル／クングリ・グイトー	チベット暦 9月29日	11/29	11/18
スピティ・ロサル	チベット暦 10月1日	12/2	11/21
ガルダン・ナムチョ	チベット暦 10月25日	12/25	12/14
ラダック・ロサル	チベット暦 11月1日	12/31	12/20

2026年	2027年	2028年	2029年	2030年	2031年	2032年	2033年
1/16,17	1/5,6	1/24,25	1/12,13	1/2,3	1/21,22	1/10,11	1/28,29
2/15,16	2/4,5	2/22,23	2/11,12	3/2,3	2/19,20	2/9,10	2/27,28
2/15,16	2/4,5	2/22,23	2/11,12	3/2,3	2/19,20	2/9,10	2/27,28
2/25,26	2/15,16	3/5,6	2/22,23	3/13,14	3/2,3	2/19,20	3/9,10
3/2,3	3/19,20	3/10,11	2/27,28	3/18,19	3/7,8	2/24,25	3/14,15
5/30,31	6/17,18	6/6,7	5/26,27	6/14,15	6/4,5	5/24,25	6/11,12
5/31	6/18	6/7	5/27	6/15	6/5	5/25	6/12
6/1,2	6/19,20	6/8,9	5/28,29	6/16,17	6/6,7	5/26,27	6/13,14
6/12,13	7/1,2	6/19,20	6/8,9	6/27,28	6/16,17	6/5,6	6/24,25
6/24,25	7/13,14	7/1,2	6/21,22	7/10,11	6/30,7/1	6/18,19	7/7,8
7/1,2	7/20,21	7/8,9	6/28,29	7/16,17	7/6,7	6/25,26	7/14,15
7/3,4	7/21,22	7/9,10	6/29,30	7/17,18	7/7,8	6/26,27	7/15,16
7/12,13	7/31,8/1	7/20,21	7/9,10	7/28,29	7/17,18	7/5,6	7/24,25
7/12,13	7/31,8/1	7/20,21	7/9,10	7/28,29	7/17,18	7/5,6	7/24,25
7/13	8/1	7/21	7/10	7/29	7/18	7/6	7/25
7/17,18	8/5,6	7/24,25	7/14,15	8/2,3	7/22,23	7/10,11	7/29,30
7/24,25	8/11,12	7/31,8/1	7/20,21	8/8,9	7/29,30	7/18,19	8/5,6
7/28,29	8/16,17	8/4,5	7/24,25	8/12,13	8/2,3	7/21,22	8/9,10
8/10,11	8/29,30	8/18,19	8/8,9	8/26,27	8/15,16	8/3,4	8/22,23
8/21,22	9/9,10	8/28,29	8/18,19	9/6,7	8/26,27	8/15,16	9/3,4
10/8,9	10/27,28	10/16,17	10/5,6	10/24,25	10/14,15	10/31,11/1	10/20,21
10/9	10/28	10/17	10/6	10/25	10/15	11/1	10/21
10/28,29	11/16,17	11/5,6	10/25,26	11/13,14	11/2,3	11/20,21	11/9,10
11/7、8	11/26,27	11/14,15	11/4,5	11/23,24	11/12,13	11/30,12/1	11/19,20
11/8	11/27	11/15	11/5	11/24	11/13	12/1	11/20
11/10	11/28	11/17	11/7	11/26	11/15	12/3	11/22
12/3	12/22	12/11	12/1	12/20	12/9	12/27	12/16
12/9	12/28	12/16	12/6	12/25	12/15	1/2(2033年)	12/22

―最初の統一王朝の成立

　ラダックという地名には、「峠を越えて」という意味がある。この呼称が使われはじめたのは17世紀頃からのことで、それ以前は「低地の国」といった意味を持つ、マルユルという呼称で呼ばれていた。

　8世紀頃、チベット王国（吐蕃）がマルユルとその周辺地域を併合してから、仏教を信仰するチベット系の民族がこの一帯に流入して住み着くようになったと考えられている。9世紀半ば、廃仏政策を取ったことで知られるランダルマ王が、僧侶ラルン・ペルキドルジェに暗殺されると、チベットのヤルルン王家は分裂し、群雄割拠の時代が訪れる。10世紀頃、勢力争いに敗れた王族の一人、キデニマグンは西チベットへと逃れ、一帯を制圧。その子孫たちが、グゲ、プラン、マルユルの3王国を建国した。子孫の一人、ラチェン・パルギゴン王が興したラチェン王朝は、マルユルで最初の統一王朝となり、その都はシェイに置かれた。

　グゲ王国のイェーシェー・ウー王は、自ら出家するなど仏教の復興に尽力し、多くの若者をカシミールに留学させて仏教を学ばせていた。そうした留学生の一人、ロツァワ（翻訳官）・リンチェン・サンポは、膨大な量の経典をチベット語に翻訳したほか、カシミールから32人の建築家、仏師、絵師を連れ帰った。彼はグゲのトリン・ゴンパ、スピティのタボ・ゴンパ、マルユルのニャルマ・ゴンパの三大寺をはじめ、各地に多数の僧院を建立したと伝えられている。アルチ・チョスコル・ゴンパなどの仏像や壁画に見られる独特の様式は、この時代にカシミールからもたらされた仏教美術の影響を受けたと考えられている。

ロツァワ・リンチェン・サンポの壁画

ーラダック王国の全盛期

　ラチェン王朝の支配は必ずしも安定していたとは言えず、15世紀前半には、トゥ（上ラダック）とシャム（下ラダック）に一時分裂していた時期もあった。その後、16世紀後半になって、タシ・ナムギャル王がナムギャル王朝を興し、全土を統一。都をシェイからレーに遷都した。

　17世紀初頭、ジャムヤン・ナムギャル王は、バルティスタンのスカルドゥのアリ・シェル・カーン・アンチャン王との戦いに敗れ、同国のギャル・カトゥン王女との結婚を強いられた。しかし、ジャムヤン・ナムギャル王はイスラーム教には改宗せず、仏教の保護を続けた。

　ジャムヤン・ナムギャル王の息子、センゲ・ナムギャル王の時代に、ラダック王国は全盛期を迎える。センゲ・ナムギャル王は、チベットの高僧タクツァン・レーパを王家の導師として重用し、レーチェン・パルカル（レー王宮）や王家の菩提寺ヘミス・ゴンパ、ハンレ・ゴンパなどの建立を次々と指示。対外的には、グゲ王国を占領して滅亡させ、ザンスカールやスピティなど、プリクを除く周辺地域を併合して領土を拡大した。

　17世紀半ば、センゲ・ナムギャル王が外地への遠征の帰路にハンレで病を得て亡くなると、ラダック王国の領土は、王の3人の息子たちに分割して相続された。その後、ダライ・ラマ5世治下のチベットとの軋轢が表面化し、両国の間で戦争が勃発。チベット軍は、一時はレーを占拠するほど優勢に戦いを進めた。

　ラダック王国はムガル帝国に援軍を要請し、かろうじてチベットとの講和を締結したが、その代償にラダック王国は、グゲやスピティ、キナウルなど、多くの領土と利権を失ってしまった。レーの中心部にジャマー・マスジットが建立されたのも、この頃のことだ。

17世紀に建てられた王宮、レーチェン・パルカル

ラダック王国の滅亡と、インドへの編入

　18世紀初頭、ラダック王国はプリクを取り戻すなど一時的に勢力を回復させるが、その後は王家の内紛などによって、再び低迷。19世紀に入ると、グラブ・シンが統治するジャンムーのドグラ軍がラダックとその周辺に侵攻し、ラダック王国はジャンムーの属国となってしまった。

　19世紀半ば、ラダック王国はチベットからの支援を受けて再起を図ったものの、ジャンムーにあえなく敗退。1842年、ラダック王国は滅亡し、王族の末裔はストックに移り住むこととなった。その後、ラダックからザンスカールにかけての一帯は、英国の介入によって成立したジャンムー・カシミール藩王国の一部となる。スピティは、英領インド直轄領に組み込まれることとなった。

　第二次世界大戦後の1947年、英国の支配からインドとパキスタンが分離独立を果たす。ジャンムー・カシミール藩王国は、最終的にはインド側への帰属を表明したが、この際に生じた混乱によって、ジャンムー・カシミール藩王国の領土のうち、北西部のバルティスタンの大半をパキスタンが占領。現在も両国が、旧藩王国領の全域の領有権を主張し続けている。この地域での紛争はその後も何度となくくりかえされており、1999年のカルギル紛争では、カルギル付近で激しい戦闘が行われた。

　一方、ラダック東部に接するアクサイチンでは、中国も領有権を主張するようになった。1962年、アクサイチンとインド東部の国境付近で、中印国境紛争が勃発。以来、これらの地域の領有権を巡る両国の主張も、平行線を辿ったままだ。ラダック周辺で、インドと中国、パキスタンの間に未確定の国境が多いのは、このような理由による。

　第二次世界大戦後に成立した中華人民共和国は、人民解放軍をチベット各地に進駐させて占領を進め、1959年にダライ・ラマ14世がインドに亡命した後は、チベットを完全な支配下に置くようになった。1966年頃からの文化大革命の時代になると、チベットでは旧来の仏教僧院の大半が破壊されてしまった。しかし、インドに属していたラダックやザンスカール、スピティでは、古くからの建

築や僧院、仏教美術、伝統文化の数々が、中国による破壊を免れ、そのまま保全されることとなった。

一連邦直轄領となったラダック

　インドの独立後、ラダックとザンスカールはジャンムー・カシミール州、スピティはヒマーチャル・プラデーシュ州に組み込まれた。ジャンムー・カシミール州政府ではイスラーム教徒の勢力が支配的だったが、1995年、ラダック人の自治組織LAHDC（Ladakh Autonomous Hill Development Council、ラダック自治山間開発会議）が発足し、限定的ながら予算が配分されるようになった。

　2019年、インド政府は、それまでジャンムー・カシミール州に特別自治権を与えてきた憲法第370条を廃止し、同州をジャンムー・カシミール連邦直轄領とラダック連邦直轄領に分割する決定を下した。これに対し、ジャンムー・カシミール連邦直轄領では強い反発が生じ、住民と治安部隊の間で衝突が勃発し、深刻な事態となった。

　一方、ラダック連邦直轄領では、イスラーム教徒の勢力が支配的だったジャンムー・カシミール州から離れて念願の連邦直轄領化を果たせたことに対し、好意的な反応を示す人が多かった。しかし、当初から現地の人々がインド政府に求めていた、ラダック連邦直轄領を憲法第6付則の対象地域に含めてほしいという要望は、その後も棚上げにされたままとなっている。この憲法第6付則とは、憲法を拡張して先住民族の暮らす地域を保護するための付則で、現在はインド北東部の4州に適用されている。この憲法第6付則がラダック連邦直轄領で適用されないままだと、外部からの資本流入に伴う土地の収奪や乱開発による環境破壊が進み、現地の人々の生活に深刻な影響を及ぼす可能性がある。ラダックやザンスカールの人々が自らの土地と権利を守れるか否かは、予断を許さない状況となっている。

現地の子供たちに幸福な未来が訪れることを祈りたい

COLUMN 環境と社会を巡る、さまざまな課題

　歴史的な経緯と国家間の関係に伴う政治課題のほかにも、ラダックとその周辺地域は、さまざまな課題を抱えている。

　近年、世界規模で進行している地球温暖化は、ヒマラヤの西外れに位置するこの地域にも大きな影響を及ぼしている。山間部の氷河は年々縮小し、氷河からの雪解け水を生活や農業の水源にしていた各地の村々は、深刻な水不足に陥っている。中には、水源が枯渇して、住民が移住せざるを得なくなった村もあるという。

　外部から急速に押し寄せる近代化の波は、一概に悪いことばかりとは言い切れないものの、それによるさまざまな弊害も実際に報告されている。レーなどの都市部では、自家用車の急増に伴う交通渋滞と排気ガスによる大気汚染が、大きな課題となっている。レー旧市街などに残る貴重な古い建築物を取り壊して、一帯を再開発しようとする動きもある。レーではまた、ゴミの分別処理や下水処理などに必要な施設がいまだに不十分で、ゴミはすべて山中に投棄され、下水は最終的にそのまま川に放出されるなど、深刻な問題となっている。

　急速な近代化によって、レーなどの都市部と山間の農村との間では、経済的な貧富の差が拡大している。同じ都市部でも、一部の富裕層に富が集中する傾向があり、一般の人々とはかなりの格差がある。若者たちは、大学を卒業して優秀な学歴を得ても、地域内でその学歴に見合う就職口を見つけることは難しく、外部への人材流出が絶えない。農村部でも、働き手の高齢化と人手不足は深刻で、畑や家畜を手放さざるを得ない家も増えている。

　中国やパキスタンと未確定の国境で接している特殊な地域であることから、この付近には、多数のインド軍部隊が常に駐留している。そのためこの地域では、道路の整備や延伸、軍関連施設の建設など、軍関係のビジネスの需要が大きく、地域経済を支える大きな柱となっている。裏を返せば、そういったインド軍関連のビジネスの需要が減少すると、この地域の人々の生活は大きな打撃を被ってしまう。インド軍に頼らなくても自立できるような地域社会のあり方を考えることも、今後の課題となっている。

⊙ 旅行に必要な情報について

一銀行・両替所

ラダックのレー、カルギル、スピティのカザなどには、銀行のATMがあり、インドルピーのキャッシングが可能。ただ、時期や場所によってはかなり混み合うほか、停電などの影響でATMが使えない場合も少なくない。クレジットカードなどで決済ができる店はまだ少ないので、大きな街にいる間に、必要なインドルピーの現金をあらかじめ入手しておくことをおすすめする。

レーの街では夏の間、至るところで両替屋が営業していて、日本円の現金でも、悪くないレートでインドルピーに両替してくれるので、そちらを利用してもよい。

一通信

ラダック、ザンスカール、スピティでは、ホテルやレストラン、カフェなど、意外に多くの場所でWi-Fi接続サービスを利用できる。スマートフォンやパソコンを持っていれば、各地でインターネットに接続可能だ。ただ、接続速度は概してさほど速くなく、画像や動画のやりとりは難しい場合が多い。街全体の停電や、地方での土砂崩れによる通信ケーブルの破断などが原因で、上位回線がダウンしてしまうこともよくある。

2023年現在、インドの他の地域で入手したプリペイド方式のSIMは、ラダックやザンスカールでは利用できない（スピティでは利用可能）。日本からレンタルWi-Fiを持参しても同様。現地のWi-Fiに頼らずにこの地域でスマートフォンを使う場合は、レーの街のショップなどでSIMを購入する必要がある。購入時にはパスポートやヴィザの提示が必要。

スマートフォンの普及によって現在はあまり需要がないが、各地の街には、国内電話（STD）と国際電話（ISD）がかけられる店がある。通話品質はあまり良くなく、不通になる場合も多い。

ラダックの市外局番は、レーとラダックの主な地域が01982、ヌ

ブラが01980、カルギルが01985、ザンスカールが01983、スピティが01906となる。

一郵便

ハガキや手紙は、ラダックでは、レーのメイン・バザールにある郵便局の窓口で切手を買って送ることができる。日本までは、2～3週間ほどかかると思っておいた方がいいだろう。かさばるお土産を買うなどして小包を送る必要がある場合は、レーの街の南外れにある中央郵便局（General Post Office）から発送できる。

日本からラダックへ郵便を送る場合は、現地の住所の後に「Leh Ladakh 194101, India」といった形で、各地の郵便番号を付記する。郵便番号は、レーとラダックの主な地域が194101、下ラダックが194106、ヌブラが194401、カルギルが194105、ザンスカールが194302、スピティが172114となっている。

一病院

レー、カルギル、パドゥム、カザなどの街には、それぞれ病院があり、ケガや病気の際には診療を受けることができる。高山病になった場合は酸素吸入を受けられるので、辛い場合は我慢せずに、すぐ病院に行くのが安心。地方の大きな村ではメディカルセンターが設置されているところも多く、そこで治療や酸素吸入を受けることも可能だ。

一警察署

警察署もまた、主要な街のほとんどにある。詐欺や盗難、暴行などの犯罪被害に遭った場合は、警察署を訪ねて相談し、海外旅行保険の申請時などに必要な書類を作ってもらうようにしたい。

一レンタバイク

ラダックのレーには多数のレンタバイク店があり、武骨さが人気のロイヤル・エンフィールドなどのレンタルが可能。交渉時には国際免許と日本の自動二輪免許、パスポート、現金が必要になる。

―インナー・ライン・パーミット（ILP）

　インド国内で、国境付近など特定の地域に入る際、外国人は、イ
ンナー・ライン・パーミット（ILP）を事前に取得しておく必要が
ある（中国やパキスタンなど、インドと係争状態にある一部の国々
の人は取得不可）。有効期間は、ラダックでは1週間程度。スピティ
東部の国境付近を通過する際に必要なILPは、2週間の場合が多
い。ラダックでILPを申請する場合、1週間以内であれば一度に
複数の地域への入域を申請することも可能だ。ちなみに、外交官パ
スポートやジャーナリストヴィザの所持者は、ILPを取得できない
場合がある。

　2023年時点で、ラダックの周辺で入域時にILPが必要な地域は、
以下の通り。国際情勢などの理由によって一時的に変更される場合
もあるので、事前に確認しておく方がいい。

・ヌブラ（カルドゥン・ラより北、トゥルトゥク、ワルシ付近まで）
・パンゴン・ツォ（タンツェより東、メラク、チュシュル、ツァガ・
　ラ付近まで）
・ルプシュ（ツォ・カルより東、ツォ・モリリ、ロマ、ハンレ付近
　まで）
・ダー・ハヌー（カルツェより北西、ダー、ガルクン、バタリク、
　チクタンなど）

　ラダックにおけるILPは、レーのDCオフィスと呼ばれる役所
の管轄（ガルクンやバタリクなど一部の地域へのILPはカルギル
のDCオフィスの管轄）だが、ほとんどの旅行者は、現地の旅行会
社に申請を代行してもらう。午前中のうちにパスポートを預けれ
ば、その日の夕方頃にはILPを取得できる場合が多い。ガルクン
やバタリクなどのILPも、レーの旅行会社を通じて手配すること
は可能だ。

　スピティ東部の国境付近を通過する際に必要なILPは、カザと
レコン・ピオ、シムラーで容易に取得できる。ILPを申請する際の
詳細は、それぞれの街の項を参照してほしい。

　程度の差こそあれ、ラダックとその周辺を訪れる旅行者のほとんどが経験するのが、高山病だ。標高が高くなって気圧が下がると、同じ体積の空気の中に含まれる酸素の量が減少し、1回の呼吸で取り込める酸素も少なくなる。標高3000メートル以上になると、その差はさらに顕著になる。こうした環境の変化に身体がついていけなくなることが、高山病の原因となる。

　高山病でどの程度の症状が出るのかは、個人差が大きく、実際に高地に行ってみなければわからない。いきなり重症に陥ることは稀で、最初は高地に着いてしばらく経ってから、頭痛や吐き気など、「山酔い」と呼ばれる初期症状が出る。この段階で適切な対策を取っていれば、次第に順応して普通に行動できるようになるが、無理な行動をして対応を誤ると、重度の高山病を発症する恐れがある。

初期症状（山酔い）
・頭痛、倦怠感
・動悸、息苦しさ
・食欲不振、吐き気、嘔吐
・睡眠障害
・顔や手足のむくみ

重度の高山病の症状
・高所脳浮腫
　激しい頭痛、嘔吐、運動失調、視覚障害、意識障害など
・高所肺水腫
　呼吸困難、ひどい息切れ、ピンク色の泡状の痰が出るなど
・肺血栓塞栓症
　呼吸困難、胸の痛み、血痰など
・脳血栓塞栓症
　顔面や舌、手足の一部の麻痺、視覚障害など

　高山病を悪化させずに高地に順応するには、到着してから1、2日は、安静にして過ごす必要がある。初期症状が改善されていないのに活発に行動したり、より高度が高い場所に行ったりするのは避けるべきだ。高地順応を促すには、次のような点を心がけるといい。

・深い呼吸をして酸素を十分に取り込む。
・水分をいつもより多めに補給する。
・走る、登るなど、激しい運動は避ける。
・散歩などで、ゆっくりと適度に身体を動かす。
・熱いお風呂に入るのを避ける。
・飲酒や喫煙を避ける。

　高山病の予防策として有効なのは、低酸素室の活用だ。現地に出発する前に、低酸素室で軽めのトレーニングを何度か行って、酸素が薄い状態に身体を慣らしておくと、高山病の初期症状を緩和できる場合が多い。近年は日本国内でも低酸素室を設置している施設が増えているので、旅行前にあらかじめ利用しておくといいだろう。

　アセタゾラミド（商品名：ダイアモックス）は、高山病に効果がある薬として一般的に用いられている。高地に着く前に服用しておくと、高山病の初期症状の緩和に一定の効果があると言われている。日本でアセタゾラミドを入手するには、医師の処方箋が必要。日本旅行医学会のサイト（jstm.gr.jp）には、この薬の処方が可能な病院のリストがある。ただ、アセタゾラミドの服用は、人によっては副作用を伴う場合もある。服用の可否は医師に相談して慎重に判断しよう。ちなみにこの薬は、レーの街などにある薬局でも入手できる。

　高地順応がうまく進まず症状が改善されない場合は、現地の病院で診察してもらおう。ラダック・レーのソナム・ノルブー記念病院の救急窓口は24時間受付を行っているし、地方の大きな村にあるメディカルセンターでも、必要に応じて酸素吸入などの処置を施してくれる。重度の高山病の症状が出ている場合は、すぐにでも高度の低い場所に移動すべきだ。高山病は、適切な対応を取らなければ死に至る危険性もあるということを、忘れないようにしたい。

▶ ラダック語の会話

挨拶とその受け答え

ジュレー	こんにちは／さようなら／ありがとう
オー ジュレ	どうもありがとう。
ジュー バクシェース	本当にありがとう。
カムザン イナレ?	元気ですか?
カムザン インレ	元気です。
オーレ	はい（目上の人に対しては カサレ）
マンレ	いいえ。
ハゴアレ?	わかりますか?
ハゴレ	わかります。
ハマゴレ	わかりません。
ゴンスパ サルレ	ごめんなさい。
デモ チョステ ジュクスレ	どうぞお元気で。
ヤン ジャリンレ	また会いましょう。

自己紹介とその受け答え

ニェラン カネ インレ?	どこから来たのですか?
ジャパン ネ インレ	日本から来ました。
ニェランギ ミン ガ チ インレ?	あなたの名前は何ですか?
ンゲ ミン ガ ○○○ インレ	私の名前は○○○です。
ニェラン ラダクシ スペラー タクポ ドゥクレ	あなたはラダック語が上手ですね。
マンレ、ツァピック インレ	いえ、少しだけです。

写真を撮らせてもらいたい時

ナクシャ ギャブ ナン ディガレ?	写真を撮ってもいいですか?
イカ ストサンレ	こっちを見てください。
マー デモ ドゥクレ	とてもきれいです。

どこかに移動する時

イ バース レー ア チャーダレ?	このバスはレーに行きますか?
ニェラン カル スキョダットレ?	あなたはどこへ行くのですか?
ンガ レー ア チャー ニンラクレ	私はレーに行きたいです。
デチョット カカ ヨットレ?	トイレはどこですか?

お呼ばれした時

ンゲ カンパ ア スキョットレ	私の家にいらしてください。
チャ ナン ディガレ?	行ってもいいですか?
アカ ジュクスレ	あそこに座ってください。
ソルジャ ドンレ	お茶をどうぞ。
マン ディグレ	結構です。
ザンス マ ザットレ	遠慮しないで。
ツァピック サルレ	ちょっとだけください。
ジンポ ラクレ	おいしいです。
ダンサレ?	お腹いっぱいですか?
ダンスレ、ジュレー	お腹いっぱいです、ありがとう。

ラダック語の会話

伝統と暮らし、自然を知る

人物に関する言葉

ンガ	私
ンガシャ	私たち
ニェラン	あなた
コン	彼、彼女
ゲロン（レ）	僧侶への尊称
メメ（レ）	祖父
アビ（レ）	祖母
アバ（レ）	父
アマ（レ）	母
アチョ（レ）	兄
アチェ（レ）	姉
ノノ（レ）	弟
ノモ（レ）	妹
アグ（レ）／アジャン（レ）	おじ
アネ（レ）／マチュン（レ）	おば
チョチョ（レ）	お嬢さん
プッツァ	男
ポモ	女
トゥグ	子供
ラマ	僧侶
チョモ	尼僧

人種に関する言葉

ラダクスパ／マ	ラダック人男性／女性
ギャガルパ／マ	インド人男性／女性
チゲルパ／マ	外国人男性／女性
ジャパンパ／マ	日本人男性／女性

時を表す言葉

ディリン	今日
ダング	昨日
トレ	明日
ンガトク	朝
ニマ	昼
ピトク	夕方

天候に関する言葉

ナムラ	空、天気
ナムラ ギャラ	晴天
チャルパ	雨
カー	雪
ルンスポ	風
タンモ	寒い
ツァッパ	暑い

食事に関する言葉

チナン	朝食
ザラ	昼食
ゴンザン	夕食
カルジ／ドンタン	食事／（丁寧語）
チャ／ソルジャ	お茶／（丁寧語）
タギ／ドンキル	パン／（丁寧語）
チュ／チュスコル	水／お湯
ダス	米
ツォドマ	野菜
シャー	肉
トゥル	卵
チュリ	アンズ

体調不良の時に使う言葉

ゴア ズモ	頭痛
トットバア ズモ	腹痛
チャムパ	風邪
シャルニャン	下痢
マカ	怪我
マンヌ	薬
ホスピタル	病院

数字に関する言葉

チク	1
ニス	2
スム	3
ジ	4
シガー	5
トゥク	6
ドゥン	7
ギャトゥ	8
グ	9
チュー	10
チュクチク	11
チュクニス	12
チュクスム	13
チュップジ	14
チョガー	15
チュルク	16
チュップドゥン	17
チュップギャトゥ	18
チュルグ	19
ニシュー	20
ギャア	100

ラダック
旅遊大全

2023年12月8日　初版第1刷発行

文・写真	山本高樹
発行者	安在美佐緒
発行所	雷鳥社
	〒167-0043
	東京都杉並区上荻2-4-12
	TEL 03-5303-9766
	FAX 03-5303-9567
	HP http://www.raichosha.co.jp
	E-mail info@raichosha.co.jp
	郵便振替　00110-9-97086
写真提供	井上隆雄(P075)
	竹沢うるま(P163)
デザイン	谷関笑子(TYPEFACE)
地図作成	高棟 博(ムネプロ)
協力	小林美和子
印刷・製本	シナノ印刷株式会社
編集	益田 光

ISBN 978-4-8441-3800-6 C0026
©Takaki Yamamoto / Raichosha 2023 Printed in Japan.